《人文传承与区域社会发展研究丛书》编辑委员会

主　任　周新国

副主任　姚文放　谢寿光

委　员　（以姓氏笔画为序）

王　绯　吴善中　佴荣本　周建超　周新国

姚文放　秦兴方　谢寿光　蒋鸿青

淮扬文化研究文库

江苏省重点高校建设项目
“人文传承与区域社会发展”重点学科
“历史文化与区域社会发展”研究方向课题成果

人文传承与区域社会发展研究丛书

· 淮扬文化研究文库 ·

STUDY ON THE BUSINESSMEN OF MODERN JIANGSU IN THE PERSPECTIVE OF REGIONAL CULTURE

区域文化视阈下的近现代苏商

陆和健◇著

社会科学文献出版社
SOCIAL SCIENCES ACADEMIC PRESS (CHINA)

教育部人文社会科学青年基金项目成果
（10YJC770062）
淮扬文化研究文库
江苏省重点高校建设项目
“人文传承与区域社会发展”重点学科
“历史文化与区域社会发展”研究方向项目成果

总　　序

文化是构成国家综合国力的重要组成部分，文化作为软实力日益受到各国的高度重视。一个国家、一个民族的发展程度是与其文化的发展紧密联系的。当今世界，国家与国家之间的发展差距，不仅体现在经济和军事实力，更体现在文化发展水平，这已为历史和现实所证明。

上世纪80年代以来，随着人们对地理人文空间因素的日益重视，我国人文社会科学学术领域出现了区域化研究的趋势。新世纪以来，区域文化的研究与开发较以往呈现出更加丰富的内涵和更加锐利的前进态势，围绕各大区域文化进行的文化学、人类学、政治学、经济学、社会学研究也不断深入进步。从理论与现实角度考察，面对经济全球化的浪潮，要实现区域经济的现代化发展必须高度重视和发挥区域文化的优势，挖掘区域文化的资源。

江苏历来是人文荟萃、文化昌盛之地。新世纪以来，为发扬优秀区域文化精髓，建设文化强省，促进全省各项事业又好又快地发展，江苏省人民政府制定了《江苏省2001～2010年文化大省建设规划纲要》，明确指出："江苏省在历史演进过程中，形成了吴文化、楚汉文化、淮扬文化、金陵文化等一批特色鲜明的地域文化以及一批具有全国影响的学术流派，要在加强研究、保护的基础上继承创新，赋予传统文化以新的生命力。”在此思想指导下，江苏各地纷纷提出建设文化大市、文化强市的目标，学术界率先行动，出版了一批区域文化研究的论著，江苏省教育厅则及时地批准成立了扬州大学“淮扬文化研究中心”等一批区域文化研究的重点基地，以推进区域文化的研究和深入发展。

江苏高校林立，各大学因其所处的具体地域不同，在某种意义上也归属于特定的区域文化。特定的区域文化始终对大学的文化形成和发展有着重要的影响。同样，大学所负载的学术、文化与社会责任也日益被推上了更高层次的战略平台。因此，研究、挖掘、整合区域文化使之与大学文化有机地融合，不仅对推动区域文化研究与发展，提高区域文化软实力、构建区域和谐社会、促进区域科学发展具有重要意义，而且，大学吸取特定区域文化精髓的过程，对创建大学自身的特色文化氛围、凝炼大学精神也具有重要意义。在某种程度上甚至可以说，一所缺乏文化传统和历史记忆的大学不是一所好大学；同样，一所没有文化底蕴和历史积淀的大学也绝非真正意义上的高水平大学。

哈佛大学前校长德里克·博克说过：“无论是在城市还是乡镇，大学的文化、反世俗陈规的生活方式和朝气蓬勃的精神面貌，常常成为刺激周边社区的载体，同时也是他们赖以骄傲的源泉。”

扬州大学所处的苏中地区，是淮扬文化的核心区之一。作为淮扬文化区域唯一的省属重点综合性大学，扬州大学具有学科门类齐全、多学科交叉融合的显著特点。学校集中人文社会科学诸学科的精干力量，发挥融通互补、协同作战的优势，继承发扬以任中敏先生为代表的老一代学术大师的风范，对内涵丰富、底蕴深厚的中国传统文化包括区域文化进行多方面的综合研究，挖掘整理其丰厚资源并赋予时代精神，阐扬其独特蕴涵并寻找其与当前经济建设、社会建设、政治建设、文化变革相结合的生长点，以求对地方乃至全省经济社会发展作出积极的贡献。

江苏省人民政府在“九五”和“十五”期间对扬州大学进行

重点投资建设的基础上，在“十一五”期间对扬州大学继续予以重点资助，主要培植能够体现学科交融、具有明显生长性且预期产生良好经济、社会效益的五大重点学科，其中包括从人文社会科学诸学科中凝炼而成的“人文传承与区域社会发展”重点学科。这一重点学科的凝成体现了将江苏优秀的古代文化与灿烂的现代文明有机交融、相得益彰、交相辉映和发扬光大的理念，符合扬州大学人文社会科学诸学科已有的专业背景、研究基础和今后的学科发展和学术追求。该重点学科包括“文学转型与区域社会发展”和“历史文化与区域社会发展”两个研究方向，其建设的标志性成果就是以任中敏先生别号命名的《半塘文库》和以区域名称命名的《淮扬文化研究文库》，总计50余种学术专著，计1500万字。“文库”是“十五”期间“扬、泰文化与‘两个率先’”重点学科研究成果的新发展，汇集了扬州大学众多学者的智慧和学识，体现了社会各方面的关心和支持，可谓是一项规模宏大、影响深远、功在当代、利在千秋的大型文化工程。可以期待，“文库”的出版将对当前物质文明、政治文明、精神文明、社会文明和生态文明等“五个文明”建设，对构建和谐社会、促进区域科学发展起到积极有力的推动作用。

在人文传承与区域社会发展研究丛书出版之际，我们向始终支持和关心“人文传承与区域社会发展”重点学科建设的教育部社科司、江苏省教育厅的领导及专家表示衷心感谢，对负责定稿的中国社会科学院诸位专家学者表示衷心感谢！同时也衷心感谢社科文献出版社的领导和编辑为丛书出版付出的辛勤劳动！

扬州大学人文传承与区域社会
发展研究丛书编辑委员会

目　　录

第一章　工商皆本：江苏区域文化的工商传统 …………………… 1

一　明清江苏商品经济的发展 …………………………………… 1

二　明清江苏资本主义萌芽 ……………………………………… 11

三　工商皆本：明清时期江苏新经济伦理观的出现 ………… 17

第二章　钻天洞庭：苏商的形成 ……………………………… 30

一　洞庭商人：钻天洞庭遍地徽 ……………………………… 30

二　扬州盐商：扬州繁华以盐胜 ……………………………… 38

三　锡商：日日金银用斗量 …………………………………… 48

四　明清时期苏商的文化事业 ………………………………… 53

第三章　区域文化与近代苏商的发展 ………………………… 54

一　上海开埠与传统苏商的近代转型 ………………………… 54

二　江苏区域工商文化的近代演进 …………………………… 71

三　近代苏商的发展 …………………………………………… 87

四　近代苏商的工商思想 ……………………………………… 111

五　近代苏商的教育事业 ……………………………………… 124

第四章　苏商发展的曲折 ……………………………………… 135

一　苏商与国民政府关系的演进 ……………………………… 135

二 中国共产党的私营经济政策 …………………………… 148
三 苏商与社会主义改造 …………………………………… 160

第五章 “苏南模式”与现代苏商的崛起 …………………… 183
一 人民公社体制下的苏南乡镇企业 ……………………… 184
二 改革开放与“苏南模式”的兴起 ……………………… 185
三 企业改制与现代苏商群体 ……………………………… 188

后 记 ………………………………………………………… 195

第一章　工商皆本：江苏区域文化的工商传统

江苏经济发达，人文荟萃，教育先进，有着丰富的历史文化资源。经济是文化的基础，文化是经济的反映，江苏境内吴文化、淮扬文化孕育了苏商的创业精神。本章着重探讨明清时期江苏区域文化中的工商传统。

一　明清江苏商品经济的发展

江苏地处长江中下游，气候宜人，物产富饶，旧石器时代就有人类居住。在很长的历史时期内，江苏地广人稀，居民靠天衣食，不忧冻馁。班固《汉书》中有“江南地广，或火耕水耨。民食鱼稻，以渔猎山伐为业，果蓏蠃蛤，食物常足。故呰窳偷生，而无积聚，饮食还给，不忧冻饿，亦无千金之家”。这样丰富的自然条件，商品经济却未发展，商业活动罕有。随着商朝末年泰伯奔吴、春秋阖闾争霸，江苏经济开始发展，境内稻作农业和水利以及冶金、玉器制作、缫丝、造船等手工业有了较大的发展，商品经济亦逐渐起步，并出现了计然、范蠡等著名商人。

但随着秦始皇统一天下，开始采取抑商政策，“上农除末，黔首是富”。到汉武帝时，抑商政策系统化，汉武帝推行算缗、告缗，实行盐铁禁榷之制和官营手工业制度，致使“富商大贾无所牟大利”。在两千多年的封建社会，封建统治者为了巩固统治，多实行抑商、贱商政策。汉高祖禁市井子孙出仕，唐制工商杂类不得预于仕伍。明初朱元璋更是“加意重本抑末，令农民之家，许穿细纱绢布，商贾之家，只许穿布，农民之家，但有一人为商贾者，亦不许穿细纱”。[①]

然而，明中期以后，直至清代，江苏商品经济高度发展起来，传统的农本商末思想发生改变，江苏出现“工商皆本”的历史现象。

1. 发达的农业

明清时期江苏商品经济的发展，首先与农业的发达密切相关。马克思主义认为：“一切剩余价值的生产，从而一切资本的发展，按自然基础来说，实际上都是建立在农业劳动生产率的基础上的。”[②] 江苏是全国农业发达地区，不论耕作技术还是粮食产量，都居全国前列。以漕粮征收情况为例，清袭明制，每岁征漕400万石，“其运京仓者为正兑米，原额330万石：江南150万，浙江60万，江西40万，湖广25万，山东20万，河南27万。其运通仓者为改兑米，原额70万石：江南29.44万石，浙江3万，江西17万，山东9.56万石，河南11万”。[③]，其中苏州府每年运往北京的正米漕粮就达65.5万石，超过浙江的60万石。田赋亦是如此，顾炎武在《天下郡国利病书》中说：“窃以苏州一府计之，以准其余。苏州一府七县，其垦田九万六千五百六顷，而居天下八百四十九万六千余顷田数之中，而出二百八十万九千石税粮于天下二千九百四十余万石岁额之内，其科征之重，民力之竭，可知也矣”。即苏州以其仅占全国1.1%的税田提供了占全国9.6%的田赋。这从一个方面反映了江苏明清时期农业生产力水平的提高。

江苏粮食生产率的提高，历史文献多有记载，张履祥《补农

---

① 唐力行：《商人与中国近世社会》，商务印书馆，2003，第10页。

② 马克思：《资本论》第3卷，1975，第885页。

③ 《清史稿》卷122，食货三。

书》“多种不如少种好”。乾隆时尹会一：“南方一夫所耕，不过十亩，多则二十亩，力聚而工专，故所获甚厚。”① 今人陈振汉的论文《明末清初(1620～1720）中国的农业劳动生产率、地租和土地集中》，（载《中国资本主义萌芽问题讨论集》上册，三联书店1957年，第272页)。李伯重的论文《“天”“地”“人”的变化与明清江南的水稻生产》和《“人耕十亩”与明清江南农民的经营规模》（见李伯重论文集《多视角看江南经济史》，三联书店2003年)。都对此有深入研究。研究表明，除了水利、自然条件和政策因素外，江苏农业主要靠集约化提高了粮食生产率。江苏的农业生产优势主要体现在水稻种植。明代苏州府吴江县水稻品种有107种之多，属于扬州府的泰州水稻品种有35种。此外，明代开始，江苏稻麦两熟制推广开来，本区麦子的品种也很多，吴江有14种，江阴有16种。就产量而言，水稻亩产平均大约米2石（每石150斤)，春麦的亩产大约1石。② 其集约化的水平在全国处于领先地位，清代还推广双季稻，劳动生产率更高。农业生产率的提高，一方面保证了江苏地少人多情况下人们的基本口粮问题，另一方面也保证了经济作物的种植和其他商品的生产与经营。

除了水稻等主要粮食作物外，明清时期，江苏还是全国最为重要的棉花和蚕桑基地，经济作物生产具明显优势。

棉花的种植在明代已经推广。崇祯《太仓州志》卷15里有“州地宜稻者亦十之六七，皆弃稻袭花”；徐光启《农政全书》卷35中说“海上官民军灶，垦田几二百万亩，大半植棉，当不止百万亩”。到清前中期，江苏的松江府、太仓州、海门厅通州一带是全国最大的棉产区，据说这里农田70%～80%是种棉。太仓、昆山、常熟等州县除低洼之地生产粮食外，高冈沙瘠之地

① 许涤新、吴承明：《中国资本主义的萌芽》，人民出版社，2003，第203页。

② 王文清：《江苏史纲（古代卷)》，江苏古籍出版社，1993，第635～637页。

皆植棉。苏北通州、海门沿海地区土壤主要是沙土和壤土，适于植棉。清初太仓人吴伟业说：“上海、嘉定、太仓境俱三分宜稻，七分宜棉。”[①] 1775 年，两江总督高晋专有奏章描述和分析江苏的棉花种植：“松江府、太仓州、海门厅、通州并所属之各县，逼近海滨，率以沙涨之地宜种棉花，是以种花者多，而种稻者少……究其种花而不种稻之故，并非沙土不宜于稻，盖缘种花费力少而获利多，种稻工本重而获利轻，小民唯利是图，积染成风。以现在各厅州县农田计之，每村庄知务本种稻者不过十分之二三，图利种花者则有十分之七八。”[②] 可见，种植棉花经济效益较高。

江苏的蚕桑中心在苏州府。府属吴江县，于明洪武初诏课植桑，宣德七年（1432 年）至“四万四千七百四十六株”。到清乾隆十二年（1747 年），植桑已“乡村间殆无旷土”，“通计一邑无虑数十万株”了。南部的震泽、秀水，也已“阡陌间强半植桑”，与嘉湖地区相连。[③] 棉桑等经济作物的大量种植，对农民收入大有裨益。明末清初桐乡人张履祥《补农书》中有所反映：“瘠田十亩，自耕仅足一家之食。若雇人代耕，则与石田无异。若佃于人，则计其租入，仅足供赋税而已……莫若止种桑三亩，种豆三亩，种竹二亩，种果二亩，蓄池鱼。”这是张履祥为其亡友的遗孀制定的生产规划。同样“十亩瘠田”，若营种粮食，即便孤儿寡母含辛茹苦、竭尽全力耕种，所获也仅可供一家食用。如果改种经济作物，合理经营，则情况大为改观。《补农书》还对种桑养蚕的收益做过计算：地得叶，盛者一亩可养蚕十数筐，少亦四五筐，最下两三筐。米贱丝贵时，则蚕一筐，即可当一亩之息矣。米甚贵，丝甚贱，尚足于田相准。则一亩桑田也足抵二三亩粮田的收入。这样高

---

① 转引自范金民《明清江南商业的发展》，南京大学出版社，1998，第 12 页。

② 李文治：《中国近代农业史资料》第 1 辑，三联书店，1957，第 83 页。

③ 许涤新、吴承明：《中国资本主义的萌芽》，人民出版社，2003，第 212 页。

的经济收益对人多地少，农业劳力相对过剩的长江三角洲地区来讲，具有极大的诱惑力。[①]

江苏是著名的鱼米之乡，除稻棉桑外，家禽家畜、水产品、蔬菜水果等也是重要的农副业。乾隆《吴江县志》说："其羊猪鸡鹅之类，土人亦常畜之，以规微利。"苏北兴化、高邮、宝应等里下河地区是荷藕种植区，当地流传着"芦苇头上不长稻，荒年全靠藕当饱"的民间谚语。明清宝应的藕粉被朝廷列为贡品，被誉为"鹅毛雪片"。[②] 其他如养鱼、种花、种茶、植树等业不一一列举。

2. 发达的手工业

明清时期，江苏手工业发达，门类繁多，在全国居于领先地位的主要行业有棉纺织业、丝织业和制盐业。

棉纺织业的发展得益于江苏的棉花种植，使江苏棉纺织业具有得天独厚的条件。明清以来的文献中经常有"衣被天下""家纺户织""专事纺绩""纺织为业"等形容江苏棉纺织业发达的词句。棉布生产最盛的是松江府，有"买不尽松江布，收不尽魏塘纱"之说。明代松江地区"田家收获，输官偿息外，未卒岁室庐已空，其衣食全赖此"，"中户以下，自织小布以供食"。明末松江地区虽供百万之赋，"三百年而尚存生息者，全赖此一机一杼而已"。[③] 到了清朝，松江棉纺织业更加发达，"纺织不止乡落，虽城中亦然。里媪晨抱纱入市，易木棉以归，明旦复抱纱以出，无顷刻闲。织者率日成一匹，有通宵不寐者"。"至于乡村纺织，尤尚精敏。农暇之时，所出布匹日以万计，以织助耕，红女有力焉"。[④] 苏州、常州等府县棉纺织业也很发达。苏州棉布生产，"诸县皆有"，其中

① 陈桦：《清代区域社会经济研究》，中国人民大学出版社，1996，第107页。

② 梁磊：《近代苏中市镇经济研究》，社会科学文献出版社，2007，第19页。

③ 徐光启：《农政全书》卷35，《木棉》；王文清：《江苏史纲（古代卷）》，江苏古籍出版社，1993，第642页。

④ 康熙：《松江府志》卷5，《风俗》。

以“嘉定、常熟为盛”。[①] 太仓、镇洋、嘉定、宝山等州县“纺织为业，乡民终岁勤动，生计全赖木棉”。[②] 常州府的无锡县“邑中女红最勤纺织，故不种棉而出布特盛”[③]；江阴县自诩其棉布“虽在处皆有，然举其最盛，则概天下莫如松江与江阴。细密称松江，粗壮称江阴。举县之民，咸资以为生”。[④] 苏北棉纺织业以通州、海门为代表，通州金沙镇的土布业和土布市场在清代中叶达到鼎盛，镇上有花市、布市。“那时布市街上，清晨人声鼎沸，万头攒动，热闹非凡”。[⑤]

我国是丝绸之国，公元前1世纪，就出现“丝绸之路”，丝绸远销国外。明代以后，丝绸除官府设局织造外，民间机户也大量出现，苏州和南京是全国丝织业生产的中心，苏南许多城镇和广大乡村也以丝织为生。丝绸种类繁多，有缎、锦、绸、罗、纱、绢等数十个品种，如南京的云锦、素缎，苏州的花缎，镇江的江绸、元青线缎，盛泽镇的纺绸等。苏州丝织业在明嘉靖年间便是“东城为盛，比屋皆工织作”；万历年间“苏民无积聚，多以丝织为生，东北半城皆居机户。郡城之东，皆习织业。织文曰缎，方空曰纱。工匠各有专能，匠有常主，计日受值”。[⑥] 苏州丝织业在明洪熙、宣德时代还开始向乡村扩展。《吴江县志》记载：“丝绸之业，宋元以前，惟郡人为之，至明熙、宣间，邑民始渐事机丝，犹往往雇郡人织挽；成、弘以后，土人亦有精其业者，相沿成俗。于是，盛泽、黄溪四五十里间，居民乃尽逐绫绸之利。”[⑦] 一些原来不怎么起眼的市镇业因丝而盛，如吴江县的盛泽镇、震泽镇。盛泽镇，明初以村名，居民只有五六十家，嘉靖间倍之，以绫绸为业，始称

---

① 正德：《姑苏志》卷14，《土产》。

② 王文清：《江苏史纲（古代卷）》，江苏古籍出版社，1993，第766页。

③ 光绪：《无锡金匮县志》卷31，《物产》。

④ 乾隆：《江阴县志》卷3，《物产》。

⑤ 梁磊：《近代苏中市镇经济研究》，社会科学文献出版社，2007，第21页。

⑥ 王文清：《江苏史纲（古代卷）》，江苏古籍出版社，1993，第647页。

⑦ 乾隆：《吴江县志》卷38，《生业》。

市。明人小说中，有一段关于吴江县盛泽镇的描写：“镇上居民稠广，……络纬机杼之声，通宵彻夜。温饱之家织下绸匹，必织至十来匹，最少也有五六匹，方才上市。即大户人家积得多的，便不上市，都是牙行引客商上门来买。震泽镇，元时村市萧条，居民数十家。明成化中至三四百家，嘉靖间倍之而又过焉。成弘而后……震泽镇及其附近镇各村居民乃竞逐绫绸之利。”[①] 隆庆、万历年间的常熟人蒋以化记载说：“我吴市民罔籍田业，大户张机为生，小户趁织为活。每晨起，小户数百人，嗷嗷相聚玄庙口，听大户呼织。日取分金为饔飧计。大户一日之机不织则束手，小户一日不就人织则腹枵，两者相资为生久矣。”[②] 可见，苏州丝织业由城到乡，十分普遍。到清代，政府在苏州和南京设有织造衙门，负责丝织，专办上供。康熙时期，苏州织造局有织机 800 张，织匠 2300 人。乾隆十年（1745 年），苏州设机 663 张，机匠 1932 名，江宁设机 600 张，机匠 1780 名。[③] 这两处官营织造机构规模都比较大。民营的丝织业更多，道光年间，南京合计“城厢内外，缎机总数常五万有奇”。[④] 业此者不下千数百家。苏州民间丝织业更是繁荣，乾隆年间，“东城比户习织，专其业者，不啻万家”。[⑤] 众多农户，也以之为业，“环太湖诸山，乡人户蚕桑为务”。

盐为人们的生活必需品，向由政府专控，以之作为财政收入的重要来源。明朝时盐税即占到政府财政收入的一半，其中淮盐税收尤高。两淮盐场为全国最大的盐场。明清时期，政府在扬州分别设有两淮都转运盐使司和两淮巡盐御史，管理和监督两淮盐的运销。两淮都转运盐使司辖泰州、淮安、通州 3 分司，仪真、淮安 2 批验所，盐场 30 个。明朝时，淮盐产量不断提高，并由早期的煎盐法

① 乾隆：《震泽县志》卷 25，《生业》。

② 蒋以化：《西台漫记》卷 4。

③ 王文清：《江苏史纲（古代卷）》，江苏古籍出版社，1993，第 764 页。

④ 光绪十二年（1886 年）二月十六日《申报》。

⑤ 乾隆：《长洲县志》卷 17，《物产》。

发展为后期的晒盐法，淮盐生产成本大大降低。煎盐工具也有创新。明初煎盐普遍使用盘铁，一角盘铁重达3000斤，个重价昂，一般灶户无法自办。后来出现锅鏊，体轻价低，轻便实用，导致私鏊纵横，私煎私贩，提高了淮盐的产量。结果私盐产量激增，官盐产量无法完成且滞销。明朝两淮运司年盐额为70.5万引（每引200斤），而私盐产量高达300余万引。这导致官盐业逐步瓦解，终于在1617年明朝宣布两淮盐课全部折色。苏南地区苏、松、常、镇四府只有松江府产盐，属两浙都转运使属下的松江分司管辖，辖盐场8个。明清时期年产量不详。1931年松江个盐场的年产量估计为301200担（1.5万吨）[①]。苏南地区民间食盐定例行销浙引，但由于松江临海地区自然条件变化，海水变淡，苏南制盐业逐渐衰退，不如淮盐发达。

江苏的手工业除上述棉、丝、盐三大主要手工业外，造船、制茶、印刷、酿酒、榨油、食品加工、日用百货等诸多手工业也很发达。在诸多手工业中，棉纺织业发展最快，成为江苏头号产业。榨油、酿酒、印刷等业发展也很迅速，其生产总能力超过本地区内部需求的增长。可以看出，明清时期，江苏手工业主要以轻工业为主，与人民的日常生活密切相关，形成江苏手工业的传统与特色。

3. 兴盛的商业

明清时期，江苏发达的农业和手工业产品为商业流通提供了丰富的商品，江苏商业茂盛，市镇繁荣。

粮食、棉花、棉布、生丝、丝绸、盐、茶、木材等与人们生活密切相关的用品成为主要的流通商品。吴承明等人研究得出结论：鸦片战争之前，我国国内市场主要商品流通总量约合银3.9亿两，其中第一位是粮食，约占42%；第二位是棉布，约占24%；第三

---

① 李伯重：《江南的早期工业化（1550～1850）》，社会科学文献出版社，2000，第125页。

位是盐，约占15%[①]。明清时期，江苏商业茂盛，主要流通物品亦是粮、棉、盐等大宗商品。江苏本为鱼米之乡，但由于江苏是棉、丝等手工业品的专业产区，市镇众多，还需种植棉、桑等经济作物，因此，本区对商品粮的需求量很大。“松江府、太仓州、海门厅、通州并所属之各县……每年口食全赖客商贩运”。[②] 专家估计，乾隆年间长江三角洲由外地输入的各种粮食约为3000万石[③]。江苏产棉，但本地棉花不够织布之用时，需输入外地棉花，主要是山东、河南等地棉花。另外，太仓所产棉花质优价高，用之纺纱会加大成本，所以太仓棉多销往福建、广东等缺棉地区，所谓“今北土之吉贝贱而布贵，南方反是”。[④] 棉布则是清一色销往全国各地，“衣被天下”。松江布行销最广，覆盖了华北、西北、东北、华中、华南等区域。叶梦珠《阅世篇》（卷7）所记最详。他记的是清初上海县（属松江府），但兼及“前朝”，即明后期。“棉花布，吾邑所产，已有三等，而松城之飞花、尤墩、眉织不与焉。上阔尖细者曰标布……俱走秦、晋、京边诸路。每匹约值银一钱五六分，最精不过一钱七八分至二钱而止……其较标布稍狭而长者曰中机，走湖广、江西、两广诸路，价与标布等。前朝标布盛行，富商巨贾操重资而来市者，白银动以数万计，多或数十万两，少亦以万计……中机客少，资本亦微，而所出之布亦无几。至本朝，而标客巨商罕至，近来多者所挟不过万金，少者或二三千金，利亦微矣。而中机之行转盛。……更有最狭短者曰小布……单行于江西之饶州等处，每匹在前值银止六七分……又忆，前朝更有一种如标布色稀松而软者，俗称浆纱布……今亦不复见矣。”[⑤] 太仓布、常熟布、江阴布、无锡布以及通州布都各有销区，拥有全国广大市场。常熟布，“用

① 许涤新、吴承明：《中国资本主义的萌芽》，人民出版社，2003，第17页。

② 《皇清奏议》卷6。

③ 范金民：《明清江南商业的发展》，南京大学出版社，1998，第66页。

④ 徐光启：《农政全书》卷35《蚕桑广类》。

⑤ 许涤新、吴承明：《中国资本主义的萌芽》，人民出版社，2003，第95页。

之邑者有限，而捆载舟输行贾于齐鲁之境者常什六”。[①] 江苏盐业发达，淮盐销量在全国最大，销区也最广。明代，淮盐年销售50多万引，除产区食用外，销往直隶8府2州，河南3府1州以及江西、湖北2省；清代，淮盐年销量约170万引，有湖南、湖北、江西、安徽四大销岸。丝绸也是江苏特产，苏州是丝绸之府，丝绸质优价廉，在国内外有广阔的市场，苏州人自诩为“转贸四方，吴之大资也”。[②] 商业的繁盛使许多人脱离农业，进入商业流通领域。有材料反映，苏松地区在明朝正德之前，“百姓十一在官，十九在田”，而四五十年后，放弃农业、经营工商业的人数增加了3倍。大量的农业、手工业产品，如粮食、生丝、蔗糖、烟草、绸缎、染料、瓷器等都涌入市场。[③]

明清江苏商业的兴盛促使大量市镇兴起和城市发展。根据范金民的研究，苏、松、常、镇等府明清时期市镇迅速发展。吴江县在明初仅有2市4镇，明末清初变为10市7镇。到乾隆年间，苏州市镇翻了一番以上。[④] 江南市镇的这种迅速发展势头，完全是由商业发展促成的。如前述盛泽镇、震泽镇，元时村市萧条，居民数十家。明成化中至三四百家，嘉靖间倍之而又过焉。成弘而后，……震泽镇及其附近镇各村居民乃竞逐绫绸之利。[⑤] 苏北亦是如此，靖江县在明嘉靖时“俗村居散漫不成聚落，故无市镇”，但到崇祯时已有东皋镇、生祠堂镇、西宁镇和新丰市共3镇1市。[⑥] 到清中期，更发展为17个市镇。商业的兴盛带来城市的繁荣和发展，清代，全国八大工商业城市（北京、江宁、杭州、扬州、苏州、广州、汉口、佛山）中江苏就占了3个。江宁有

---

① 嘉靖：《常熟县志》卷4，《食货志》。

② 嘉靖：《吴邑志》，卷14。

③ 左敏、李冠杰：《古往今来话苏商》，《百科知识》2008年5期，第53~54页。

④ 范金民：《明清江南商业的发展》，南京大学出版社，1998，第321页。

⑤ 乾隆：《震泽县志》卷25，《生业》。

⑥ 崇祯：《靖江县志》卷2，《建置》、《市镇》。

人口80万，扬州、苏州人口有50万。江宁是两江总督驻地，水陆交通发达、人口众多、工商业繁荣。吴敬梓《儒林外史》里有：城里几十条大街，几百条小巷，都是人烟凑集，金粉楼台，大小酒楼有六七百座，茶楼有1000余处。苏州为东南一大都会，人烟稠密，商贾云集，被形容为“阊门内外，居货山积，行人流水，列肆招牌，灿若云锦。语其繁华，都门不逮”。[①] 苏州的繁盛胜于首都了。徐扬画有《姑苏繁华图》反映乾隆时苏州繁华盛状，画中人物众多，400只舟楫往来水上，店铺市招清晰可见的就有260余家，诸如“宁绸”“湖绉”“杭绸”“松江标布”“崇明大布”“南京板鸭”“金华火腿”“江西瓷器”“东北人参”等。扬州自隋唐以来就是一个繁盛的都市。清初被毁，到乾隆时又达到顶峰：“为南北往来之要冲，两淮盐业之总汇，达官显人往来不绝，富商大贾麇集其间，舟车之盛极一时。”[②] 扬州挟长江、运河交通之便，不仅是长江中游四省食盐的供应基地，还是南粮北运船舶必经之要地，成为全国盐业中心、漕运中心和区域商业中心。乾隆诗句描写扬州的繁华：“广陵风物久繁华”、“广陵繁华今倍昔”。[③] 其时，扬州城内外商店林立，茶楼酒肆集中，园林星布。李斗著有《扬州画舫录》，详细记载了清代扬州商业兴盛的辉煌。

二　明清江苏资本主义萌芽

1. 资本主义萌芽理论

资本主义萌芽问题是新中国成立以后史学研究的“五朵金花”之一（其他四朵分别是中国古代史分期问题、中国封建土地所有

① 孙嘉淦：《南游记》卷1。

② 殷惟龢：《江苏六十一县志》下卷，上海商务印书馆铅印本民国二十五年（1936年）。转引自梁磊《近代苏中市镇经济研究》。

③ 嘉庆：《扬州府志》卷2，《巡幸》。

制形成问题、中国封建社会农民战争问题和汉民族形成问题）。20世纪30年代围绕着“中国社会性质”产生的激烈争论，一批马克思主义史学工作者开始涉及资本主义萌芽问题，以论证中国革命的正当性。1939年12月，毛泽东在《中国革命与中国共产党》一文中明确指出：“中国封建社会内的商品经济的发展，已经孕育着资本主义的萌芽，如果没有外国资本主义的影响，中国也将缓慢地发展到资本主义社会。”[①] 当然，战争时期，学术界无法对这个问题展开研究。1954年，李希凡、蓝翎合写《关于〈红楼梦简论〉及其他》一文在《文史哲》杂志发表，对红学权威俞平伯进行批评，引起毛泽东的高度重视，并引发了一场针对“胡适资产阶级唯心论”的知识分子思想改造运动。在此背景下，《人民日报》总编邓拓发表《论〈红楼梦〉的社会背景和历史意义》，认为《红楼梦》是反映18世纪上半期中国资本主义萌芽状态的新兴市民社会的文学作品。邓文发表之后，翦伯赞、尚钺等史学大家立即著文响应。20世纪五六十年代，关于中国资本主义萌芽的论文不断出现，其主旨基本上都是论证毛泽东1939年资本主义萌芽论点的科学性，形成资本主义萌芽问题研究的热潮。改革开放之后，资本主义萌芽问题仍是学术界关注的课题，1985年，许涤新、吴承明主编的《中国资本主义萌芽》出版（2003年第二版出版）。这是一部集大成之作，全书近60万字，史料宏富、理论分析透彻。20世纪90年代之后，资本主义萌芽研究渐趋理性，随着国际学术交流的开展，国内学术界在理论和方法上都有创新。李伯重提出“江南道路”观点，认为资本主义萌芽是中国经济史学中的一种“情结”，资本主义萌芽是“英国模式”及其在世界历史上的普遍性问题的盲目套用，英国模式不适用于明清江南。

上述学术史的简单回顾说明：一方面，资本主义萌芽理论框架

① 毛泽东：《毛泽东选集》第2卷，人民出版社，1991，第626页。

是新中国马克思主义史学的重要成果，符合马克思主义社会发展“五阶段论”，可以为中国共产主义革命服务；另一方面，改革开放之后，随着冷战结束、世界局势的变化，这个理论又与“西方中心论”有契合之处，不符合从中国发现历史的学术思维，需要扬弃。其实，本课题立项的基础也是如此，希望从本土文化的角度来解读近现代苏商的成长与发展。但是，研究经济史或江苏近现代经济史绕不开“资本主义萌芽”、“资产阶级”等理论框架，老一辈史学工作者筚路蓝缕所形成的成果仍是后继者前进的基础，他们在生产力发展水平、雇佣关系、农业、手工业、商品流通、商品市场、商人商会等诸多研究领域都有卓越贡献，仍是我们研究明清以来经济史的重要视角。

2. 明清江苏资本主义萌芽情况

研究资本主义萌芽问题的专家大多数集中精力于手工业领域，对于农业中的资本主义萌芽研究则比较薄弱。吴承明等人认为：大体看来，从农业生产力的发展，土地占有状况的变化、地主制经济的成熟来说，在明后期，已经有了产生农业资本主义萌芽的一定条件；但是，从租佃关系和地租形态方面来看，从农村雇佣关系的性质来看，前进甚少，仍然是资本主义萌芽产生的重要阻力。[①] 所以他认为，农业中还不能十分肯定出现了资本主义的生产关系。李文治等人认为：中国农业资本主义萌芽，大概在 15 世纪已经在个别地区开始稀疏出现，在 17 世纪、18 世纪之际又有比较显著的发展。[②]

明代江苏农业和商品经济已经比较发达，农业中出现了棉花种植等商业性农业，如太仓州属多种棉，“州赖以饶”[③]，昆山吴纯甫“种橘千株”，吴江顾家“世以橘柚为业”，[④] 这符合列宁所说的

---

① 许涤新、吴承明：《中国资本主义的萌芽》，人民出版社，2003，第 77 页。

② 李文治、魏金玉、经君健：《明清时代的农业资本主义萌芽问题》，中国社会科学出版社，2007，第 78 页。

③ 傅衣凌：《明代江南市民经济试探》，中华书局，2007，第 267 页。

④ 王文清：《江苏史纲（古代卷）》，江苏古籍出版社，1993，第 660 ~ 661 页。

“农业中资本主义的发展，首先表现在自然农业向商业性农业的转变上”。[①] 并且“自由雇佣劳动首先应用在种植商业性作物，然后推广到其他农业作业”。[②] 实际情况是：在明代江苏地方府县志书中确实出现了大量农业雇工的记载。松江“农无田者，为人佣耕者曰长工；农月暂用者曰忙工；田多而人少者，倩人助己而偿之，曰伴工”。[③] 吴江“若无产者，赴逐雇倩，抑心殚力，计岁而受值者曰长工，计时而受值者曰短工，计日而受值者曰忙工”。[④] 江阴“受值而赋事曰工”，扬州“无力受田者名为雇工”。[⑤] 但是，根据经济史研究专家的看法，农业资本主义萌芽大体有三种形式：自耕农或佃农经营商品性生产；地主雇工经营商品性生产；商人租地雇工经营农业。明代江苏商人租地经营农业未见史料；“力农致富”的记载不少；地主雇工经营即经营地主有一例，常被引用：“谈参者，吴人也，家故起农。参生有心算，居湖乡，田多洼荒……参薄其值收之。佣饥者，给之粟。凿其最洼者池焉。周为高塍，可备防泄，辟而耕之，岁之入视平壤三倍。池以百计，皆蓄鱼。池之上为梁，为舍，皆蓄豕。谓豕凉处而鱼食豕下，皆易肥也。塍之平阜植果属，其污泽植菰属，可畦植蔬焉，皆以千计……室中置数十甂，日以其入分投之。若某甂鱼入，某甂果入，盈乃发之，月发者数焉，视田之入复三倍。”[⑥] 到清代，地方文献中关于雇佣的记载比明代增多：“无田之农受田于人，名为佃户；无力受田者，名为佣工。”“佃作皆非土著……驽钝者，佣工

① 列宁：《列宁全集》第29卷，人民出版社，1990，第210页。

② 列宁：《列宁全集》第3卷，人民出版社，1990，第184页。

③ 成化：《松江府志》卷5，《疆域志》。

④ 嘉靖：《吴江县志》卷13，《典礼三》。

⑤ 李文治、魏金玉、经君健：《明清时代的农业资本主义萌芽问题》，中国社会科学出版社，2007，第47页。

⑥ 李诩：《戒庵老人漫笔》卷4，《谈参传》。许涤新、吴承明：《中国资本主义的萌芽》，人民出版社，2003，第82页。王文清：《江苏史纲（古代卷）》，江苏古籍出版社，1993，第662页。

以自给”。[①] 在刑部档案中，保存大量关于雇佣的资料，有很多关于“外出佣工”“往别处佣工”“在外面佣工”之类的记载。如江苏邳州人到山东滕县佣工，河南安阳人到江苏砀山县佣工，山东郯城人到江苏阜宁县佣工，山东郓城县人到江苏长洲县佣工，山东诸城县人到江苏阜宁县佣工等。农业雇佣在清代成了普遍现象，这一方面是受商品经济进一步发展的影响，另一方面也表明自由雇佣越来越发展。当然，江苏农业中的资本主义萌芽仍然稀疏，目前仅见三例：乾隆十六年（1751 年），泰州周添吉雇短工 7 人砍草；青浦王永仁雇长工 2 人种稻，短工 5 人插秧；嘉庆二十一年（1816 年），丹阳张鹤寿雇工 6 人割麦（内短工 3 人）。[②] 其中，周添吉一例算是资本主义经营。周添吉向程仰山典了草荡 77 引，砍草一熟期交银 56 两。他转手将草荡 22 引典给别人，收银 23 两。5 个月后，他雇了朱云士、周引方、周盛远、周得兼、王添九、王有道、王英选 7 个人去砍草。这 7 人都是“四处觅活”的短工，而周添吉所砍下来的草无疑是为了出售。[③]

相比于农业资本主义萌芽的微弱，明清时期江苏手工业中的资本主义萌芽的资料则丰富得多。

“吴民生齿最繁，恒产绝少。家杼轴而户纂组，机户出资，机工出力，相依为命久矣……浮食奇民，朝不谋夕，得业则生，失业则死。臣所睹记，染坊罢而染工散者数千人，机户罢而织工散者又数千人，此皆自食其力之良民也。”[④] 这是描写万历二十九年（1601 年）苏州丝织业情况，苏州城里已有数千为丝织业作坊主服务的雇佣工人，说明雇佣工人规模蔚为可观。

冯梦龙的小说中也描述了苏州府属盛泽镇上一个叫做施复的丝

---

① 李文治、魏金玉、经君健：《明清时代的农业资本主义萌芽问题》，中国社会科学出版社，2007，第 49 页。

② 许涤新、吴承明：《中国资本主义的萌芽》，人民出版社，2003，第 251 页。

③ 许涤新、吴承明：《中国资本主义的萌芽》，人民出版社，2003，第 60 页。

④ 许涤新、吴承明：《中国资本主义的萌芽》，人民出版社，2003，第 161 页。

织业作坊主的成长情况："嘉靖年间，这盛泽镇上有一人，姓施名复……家中开张绸机，每年养几筐蚕儿，妇络夫织，甚好过活……一日，已积了四匹……到个相熟行家来卖……人看时光彩润泽，都增价竞买，比往常每匹平添许多银子。因有这些顺溜，几年间就增上三四张绸机，家中颇为饶裕……欲要又添张织机，怎奈家中窄隘，摆不下机床……恰好间壁邻家，住着两间小房，连年因蚕桑失利，急切要把来出脱，正凑了施复之便……夫妇依旧省吃俭用，昼夜营运。不上十年，就长有数千金家事。又买了左近一所大房屋居住，开起三四十张绸机，又讨几房家人小厮，把个家业收拾得十分完美。"① 家中有三四十张织机，自然雇佣工人生产，施复无疑是作坊主了。

"工匠各有专能，匠有常主，计日受值，有他故，则唤无主之匠代之，曰唤找，无主者黎明立桥以待唤，缎工立花桥，坊工立广化寺桥；以车纺丝者曰车匠，立濂溪坊，什百成群，延颈而望，如流民相聚。"② 这是描写清朝康熙年间苏州丝织业劳动力市场情况，说明苏州丝织业分工已经较为明确，劳动力雇佣市场已经形成。

苏州是丝织业发达地区，类似的资料不少，"里人郑灏……其家有织帛工、挽丝佣各数十人"。潘璧成"起机房织手，至名守者谦者始大富，至百万"。③"今三吴之以机杼致富者尤多"。④"苏城机户，类多雇人工织。机户出资经营，机匠计工受值"。⑤

另外，明清，还出现了商业资本向产业资本转移的新迹象，在苏州、南京的丝织手工业中出现了"帐房"。"开机之家，谓之帐房，机户领织，谓之代料，织成送缎。"⑥ 镇江"开设行号十余家，

① 冯梦龙：《醒世恒言》卷18，《施润泽滩阙遇友》。

② 王国平、周新国：《江苏经济发展与现代化历史进程研究》，苏州大学出版社，2008，第18页。

③ 许涤新、吴承明：《中国资本主义的萌芽》，人民出版社，2003，第162～164页。

④ 张瀚：《松窗梦语》卷4，《商贾记》，上海古籍出版社，1986。

⑤ 苏州历史博物馆：《明清苏州工商业碑刻集》，江苏人民出版社，1981，第16页。

⑥ 陈作霖：《凤麓小志》卷3，《记机业》。

向由号家散放丝经，给予机户，按绸匹计工资”。帐房的主人，皆“饶有资本之绸商”。[①] 这些绸商与机户的关系，便是资本家与雇佣工人的关系。大多数帐房放料给机户加工，机户交成品时帐房付给工价，代织机户成为为帐房加工的劳动者，商业资本由此向工业资本转化。

三 工商皆本：明清时期江苏新经济伦理观的出现

明清江苏商品经济的发展对江苏区域文化产生了重大影响，其中最为重要的一点就是养成了江苏人民勤劳的文化品格，他们努力生产，吃苦耐劳，创造了大量的社会财富。资本主义萌芽的出现，进一步培育了江苏人民的管理经验和市场意识。在这样的文化氛围下，人们除了把农业作为基本产业，对手工业和经商也一视同仁，并在可能的情况下从事手工业和商业，发财致富。而江苏作为鱼米之乡，其得天独厚的自然环境、区位交通优势又为苏人发财致富提供了可能性。

1. 农人最勤

明清时期，随着复种率的增长，家庭副业的增多，使农村地区的生产集约化程度不断提高。劳动投入越来越多，劳动强度越来越大。[②] 而江苏人民勤于耕作，安分自甘。弘治《吴江志》这样描述稻作区吴江县的农村状况：“四民之中，惟农为最劳，而吴农又劳中之劳了。无产小民，投顾富家力田者，谓之长工。先借米谷食用，至力田时撮忙一两月者，谓之短工。租佃富家田产以耕者谓之租户。此三农者，所谓劳中之劳也。晓霜未释，忍饥扶犁，冻皴不可忍，则燎草火以自温，此始耕之苦也。燠气将炎，晨兴已出，伛

① 唐力行：《商人与中国近世社会》，商务印书馆，2003，第 134 页。
② 范金民：《明清江南商业的发展》，南京大学出版社，1998，第 147 页。

偻如啄，至夕乃休；泥涂被体，热烁湿蒸，百亩告青，而形容变化，不可复识矣，此立苗之苦也。暑日如金，田水若沸，耘耔是力，稂莠是除，爬沙而指为之戾，伛偻而腰为之折，此耘苗之苦也。迨垂颖而坚粟，惊人畜之伤残，缚草田中，以为守舍，数尺容膝，仅足蔽雨，寒夜无眠，风霜砭骨，此守禾之苦也。刈获而归，妇子咸喜，舂揄蹂践，竞敏其事，若可乐矣。而一饱之欢，无曾旬日，谷入主家之廪，利归质贷之人，则室又垂罄矣。自此采茆为薪，捕鱼易米。而敝衣故絮，藜羹粝饭，曾不得以卒岁，岂不可怜也哉。"[①] 正德《姑苏志》也记载："农人最勤而安分，四体焦瘁，终岁不休。若无产者，赴逐雇倩，受值而赋事，抑心殚力，谓之忙工，又少隙，则去捕鱼虾、采薪、埏埴、庸作、担荷，不肯少自偷惰。至于收获之余，公税私租偿责之外，其场遽空者什八九，然而帖帖自甘，不知忧怨。"[②] 嘉靖《吴江县志》记载："邑人重去其乡，离家百里，则有难色……业虽最勤，然习而安焉，不之怨也。若无产者，赴逐雇佣，抑心殚力，计岁而受其直者，曰长工。计时而受直者，曰短工。计日而受者，曰忙工。佣人之田，以耕而还其租者，曰租户。又少隙则去捕鱼虾，采薪埏植，佣作担荷，不肯少休。及岁告成，公税私租偿债之外，其场遽空者什八九。然帖帖自甘，不知尤怨。"[③] 明人文集中亦有记载。杨循吉《重建渡水桥记》："东洞庭座峙太湖中心……耕田树果，殆无寸地隙，人力作耐勤苦，以俭为事。"[④]

江苏农人最苦，但以苏州为代表的江苏农人也最勤最理性。唐力行先生有言："苏州人在重压下，并不采取极端的行动，而是重理性，求变通，善于在夹缝中找到施展自己才能的天地。"[⑤] 这种

---

① 弘治：《吴江志》卷6，《风俗》。

② 正德：《姑苏志》卷13，《风俗》。

③ 嘉靖：《吴江县志》卷13，《典礼·风俗》。

④ 转引自傅衣凌《明清时代商人及商业资本》，中华书局，2007，第91页。

⑤ 唐力行：《苏州与徽州》，商务印书馆，2007，第29页。

理性精神使得江苏人在重压之下通过精耕细作提高粮食产量，通过投身工商业应对社会生活的压力。

2. 改业工商

明清时期，在农业集约化程度较高以及封建政府赋税和徭役加重的情况下，许多人开始投身工商业。嘉靖后期何良俊的《四友斋丛说》称："自四五十年来，赋税日增，徭役日重，民命不堪，遂皆迁业。昔日乡官家人亦不甚多，今去农而为乡官家人者，已十倍于前矣；昔日官府之人有限，今去农而蚕食于官府者，已五倍于前矣；昔日逐末之人尚少，今去农而改业为工商者，三倍于前矣；昔日原无游手之人，今去农而游手趁食者，又十之二三矣；大抵以十分百姓言之，已六七分去农。"① 从这段资料可以看出几十年之内，从事工商业的人就增加了3倍。康熙年间，靳辅在《生财裕饷第一疏》里称："是十人之中，农民仅据其五，而士工贾与异端游惰之民，以及异端之工贾，亦居其五。"② 略去靳辅个人对工商业的态度，可以看出从事工商业的人还是很多的。道光时，江南东部"男妇纺织，为生者十居五六"。③ 当然，从事工商业的人不一定就脱离农业，上述"采茆为薪，捕鱼易米"就是农民利用农闲时进行的商业活动。上节所引明末徐光启的一段文字也能佐证这个论点："尝考宋绍兴中，松郡税粮十八万石耳，今平米九十七万石，会计加编征收耗利、起解、铺垫诸色役费，是十倍宋也。税粮增加十倍，怎样负担呢，'全赖此一机一抒而已'。又'非独松也，苏、杭、常、镇之帛枲苎，嘉、湖之丝纩，皆持此女红末业，以上供赋税，下给俯仰。'"④ 这说明农民一方面要从事基本的农业生

---

① 何良俊：《四友斋丛说》卷13，《史九》，中华书局，1959，第112页。

② 靳辅：《生财裕饷第一疏》，贺长龄辑《皇朝经世文编》第26卷，道光七年（1827年）刻本，第18页。

③ 林则徐：《江苏阴雨连绵田稻歉收情形片》，林则徐《林文忠公政书》，中国书店，1991，第23页。

④ 徐光启：《农政全书》卷35，《木棉》。

产，另一方面也要进行工商业生产，这样才能“上供赋税，下给俯仰”。这种生活方式是江苏特别是苏南地区明清以来所特有的，也是吴文化的精髓。

3. 士商对流

除了农民为了生活而劳作，而投身工商业之外，明代开始，士大夫对经商有了比较客观的认识，士人经商之风也在江苏出现。明代正统年间的苏州状元施槃，为“深谙积著之术”能“无籍而财自阜”的善理财者——王惟贞写过传，他在传中说：“近世士夫，言及泉货之属，则以为鄙，若有不屑焉者。及观洪范八政，则以食货为先。子贡论证，则以是食为首。《周书》曰：农不出则乏其食，工不出则乏其事，商不出则三宝绝，虞不至则财匮少……然后知泉币货殖，亦有国者之当务也。”施槃对经营商业的重要性作了论述，同时对王惟贞经商的业绩也给予了充分的肯定，称：“夫以公之术，施之于家则家裕；设用之于国，国有不裕者哉?！使生于春秋战国之时，吾知陶朱、倚顿之流，不能专有其名矣”。[①] 王惟贞是苏州东山人，其家族亦商亦儒，进而为官，退而服贾，士商对流，传承600多年而不衰。商人列入史籍，纂为族谱、传记、墓志铭者，远非前代可比。明人董含曾描写道：“昔士大夫以清望为重，乡里富人，羞与为伍，有攀附者必峻绝之。今人崇尚财货，贿拥资厚者，反屈体降志，或订忘形之交，或结婚姻之雅，而窥其处心积虑，不过利我财耳，遂使此辈忘其本来，足高气扬，傲然自得。”[②] 他若张瀚之《商贾记》，汪道昆之《太函集》，已经显示学者对商人商业的重视。万历朝宰相张居正提出“农商之势常若权衡”的观点，主张既要“省征发以厚农而资商”，又要“轻关市以

---

① 施槃：《惟贞公阡表》，《莫釐王氏家谱》卷13，《述德》，转引自张志新《读王鏊〈吴中赋税书与巡抚李司空〉》，《苏州大学学报（哲学社会科学版）》，1985年第1期，121～125页。

② 董含：《散冈识略》卷63，《吴风俗十六则》。

厚商而利农"。[①] 直至后来出现了"天下之士多出于商"，"后世商之子方能为士"的现象。清人沈垚说过这样一段著名的话："非父兄先营事业于前，子弟即无由读书以至身通显。是故古者四民分，后世四民不分；古者士之子恒为士，后世商之子方能为士。此宋元明以来以来变迁之大较也。天下之士多出于商，则纤啬之风日益甚。然则睦姻任恤之风往往难见于士大夫，而转见于商贾，何也？则以天下之势偏重在商，凡豪杰有智略之人多出于焉。其业则商贾也，其人则豪杰也。为豪杰则洞悉天下之物情，故能为人所不为，不忍人所忍。是故为士者转益纤啬，为商者转敦古谊。此又世道风俗之大较也。"[②] 因此，从明代开始，商人的地位已与前有所不同了。大商人不仅居址豪华，交通官宦，亦且与文人学士互相往来。不仅商人子弟入仕，也出现了不少士人经商的事例。明代学者于慎行说："吴人以织作为业，即士大夫家，多以纺绩求利，其俗勤啬好殖，以故富庶。然而可议者，如华亭相在位，多蓄织妇，岁计所积，与市为贾，公仪休之所不为也。往闻一内使言，华亭在位时，松江赋皆入里第，吏以空牒入都，取金于相邸，相公召工倾金，以七铢为一两，司农不能辨也。人以相君家钜万，非有所取，直善俯仰居积，工计然之策耳。"[③] 他这段文字中所提及的徐华亭（徐阶）是江苏华亭县人，作为士大夫，以纺织求利，尽管招到非议，但也说明在苏南一带，士人经商谋利是比较普遍的现象。泰州学派的创始人王艮 19 岁就开始经商，泰州学派的另一位"狂人"李贽出生于海商家庭，有着强烈的重商重利意识。明末江苏著名思想家顾炎武不仅主张发展商品经济，而且亲自"改容作商贾""流转吴会间"。[④] 商品经济的发展，士商对流现象的发生，逐渐产生"工商皆本"的新经济伦理观。

① 许涤新、吴承明：《中国资本主义的萌芽》，人民出版社，2003，第 114 页。

② 沈垚：《落帆楼文集》卷 24，《费席山先生七十双寿序》。

③ 于慎行：《谷山笔麈》卷 4，《相鉴》。

④ 顾炎武：《亭林文集》卷 2，《流转》。

4. 工商皆本：新经济伦理观的出现

苏人在农业、手工业和商业领域的辛勤劳动创造了江苏繁荣的经济，积累了大量的社会财富。传统社会的农本商末思想到明朝中叶以后发生变化，从文学方面首先就能感受，如《金瓶梅》《喻世明言》《警世通言》《醒世恒言》《初刻拍案惊奇》《二刻拍案惊奇》等不再如以前文学作品专写帝王将相、才子佳人、三侠五义，而是描写商人和商人阶层的生活。“三言二拍”200卷中描写的商人大约100人，主要是描写江苏洞庭商人以及在江苏经商的徽商。而士商对流又使一些学者开始思考论述工商业及商人的地位作用诸问题，最终到黄宗羲那儿形成“工商皆本”的新的经济伦理思想。

（1）泰州学派王艮等人“百姓日用即道”的反传统思想。王艮（1483～1541年），字汝止，号心斋。泰州安丰场（今江苏东台安丰）人，明代哲学家，泰州学派的创立者。王艮出生贫苦，世代为烧盐的灶户。王艮从19岁起跟随父亲王守庵多次贩盐到山东出售，王艮善经营、懂管理、会理财，“措置得宜”，“家道日裕”，成为盐城地区的富户。他38岁远赴江西跟随王阳明学心学，但又“时时不满师说”。他提倡“人之天分不固，论学则不论天分”，“愚夫愚妇皆知所以为学”的平民教育思想，注重向普通百姓开展讲学活动，“入山林求会隐逸，过市井启发愚蒙”，因此，向他求学的基层民众很多，包括农夫、樵夫、陶匠、盐丁等人，如樵夫朱恕、陶匠韩贞、田夫夏廷美。[1] 当然，泰州学派也有社会上层人士和知识分子参加，如徐樾、颜钧、王栋、王襞、罗汝芳、颜山农、何心隐、李贽等人。王艮依据自己的亲身实践和体会，从小生产者的立场出发，提出了“百姓日用即道”的新观点。《易·系辞》云：“一阴一阳之谓道……仁者见之谓之仁，智者见之谓之智，百姓日用而不知，故君子之道鲜矣”，所以，传统观点认为只有圣人才懂“道”，凡

① 王文清：《江苏史纲（古代卷）》，江苏古籍出版社，1993，第706页。

夫俗子的老百姓是不知道“道”的。而王艮认为：“百姓日用即道”，“愚夫愚妇”都“能知能行”。他具体地形容“僮仆之往来，视听持行，泛应动作，不假安排”就是“道”，此乃“即事是学，即事是道”。他还说：“百姓日用条理处，即是圣人之条理处”，“圣人之道，无异于百姓日用，凡有异者，皆谓之异端”。[①] 王艮的弟子何心隐更是激进，他肯定“欲”合乎天性，提出“商贾大于农工”“超农工而为商贾”的观点。[②] 并将族人组成“聚和堂”进行社会试验。

泰州学派另一传人李贽的反传统思想更全面也更激进。李贽出生在一个世代业贾的家庭。李贽一世祖在元末挟资到福建泉州经商，后来就在泉州落户。二世祖“壮年航吴泛越，为泉州巨商，洪武十七年，奉命发航西洋忽鲁模斯等”。三世祖“夙有经营四方志”，经常到广州等地经商。四世祖、五世祖经常往来琉球、日本之间，从事海上贸易活动。到李贽祖父时家道中落，不再经商，但同族中经商的仍然很多。[③] 李贽公开赞扬“私心”“私欲”“利己”，他说：“私者人之心”，“人必有私”，认为商人追求财富是合乎道德的，就如“孔子之圣，苟无司寇之任，相事之摄，必不能一日安其身于鲁也决矣。”[④] 因而，商人“多积金宝”“多买田地”与圣人是一样的，是“所共好而共习的”。[⑤] 李贽大力为商人扬名，他说：“商贾何鄙之有？挟数万之资，经风涛之险，受辱于关吏，忍诟于市易，辛勤万状，所挟者重，所得者末，然必结交于卿大夫之门，然后可以受其利而远其害，安能傲然而坐于公卿大夫之上哉。”[⑥] 泰州学派反传统的思想很激烈。李贽大力批判儒学，他认为，六经、

① 《王心斋先生遗集》卷1，《语录》。

② 吴承明：《吴承明集》，中国社会科学出版社，2002，第260页。

③ 唐力行：《商人与中国近世社会》，商务印书馆，2003，第215页。

④ 李贽：《藏书》卷32，《德业儒臣后论》。

⑤ 李贽：《焚书》卷1，《答邓明府书》。

⑥ 李贽：《焚书》卷2，《又与焦弱侯》。

《论》《孟》等不能作为“万世之至论”，而现实中，儒家经典已经成为“道学之口实，假人之渊数，断断乎不可语于童心之言明矣”①，他的《四书评》，正是与传统章句之学的对立，离经叛道之意十分鲜明。李贽还否定儒家的独尊地位，并对历史人物的是非功过按人性之自然和“治贵适时，学必经世”的标准作了重新评价。他还特别推崇墨子。提倡面对现实，要从有为和有用出发。这些思想代表了新兴市民阶层的利益，闪烁着市民意识的光华，“遂复非名教之所能羁络矣”②，何心隐、李贽都因言行激烈而受牢狱之灾。

（2）陆楫“俗奢而逐末者众”的消费思想。陆楫（1515～1552年），明嘉靖江苏松江府人，字思豫，号小山。他出生于一个士商相通的家庭，祖父陆平是“长于理财，积至千金”的富商，父亲陆深是著名词人、进士，官至詹士府詹士。陆楫对“奢”有独到的见解。明中期后，奢侈之风开始膨胀，张瀚《松窗梦语》、王士性《广志绎》等明人著作中都有记载。陆楫认为“奢”对民生有利，富人通过“奢”，促进了消费，带动穷人的就业，是富人散资财于社会，是“均天下而富”。他说：“予每博观天下之势，大抵其地奢则民必易为生，其地俭则民必不易为生者也。”“所谓奢者，不过富商大贾、豪家巨族自侈其宫室、车马、饮食、衣服之奉而已。彼以粱肉奢，则耕者、庖者分其利；彼以纨绮奢，则鬻者、织者分其利。”陆楫认为“奢”促进了商业的发展，他说：“今天下之赋在吴越。吴俗之奢，莫盛于苏、杭之民，有不耕寸土而口食膏粱，不操一杼而身衣文绣者，不知其几何也。”原因就是“盖俗奢而逐末者众也。”

（3）东林学派顾宪成等人“惠商”的实学思潮。东林学派是中国明代末年思想学术领域出现的一个以讲学与议政相结合的著名学术流派。因该学派的创始人顾宪成、高攀龙等学者在地处江苏无

① 李贽：《焚书》卷30，《童心说》。

② 黄宗羲：《明儒学案》卷32，《泰州学派》。

锡城东隅弓河畔的东林书院聚众讲学和读书，故得名。顾宪成（1550～1612年），无锡人。1593年因忤上意被革职回原籍。他在常州知府欧阳东风、无锡知县林宰的支持下，修复了北宋著名理学家杨时（龟山）讲学的东林书院。① 东林书院恢复后，顾宪成、高攀龙等主持东林书院的讲学活动，他们订立了一套完整的院规和会约仪式：每年一大会，或春或秋，临期酌定。先半月遣帖启知。每月一小会，除正月、六月、七月、十二月祁寒盛暑不举外，二月、八月，以仲丁之日为始，会各三日。愿赴者至，不必遍启。每会推一人为主，说“四书”一章。此外，有问则问，有商量则商量。凡在会中，各虚怀以听。东林讲学有几个明显特点。一是举贤育才，强调德性修养，立志做人。二是提倡兼听，博采众长，不执门户之见。三是反对空疏议论，提倡实际有用学问。四是主张关心国事，志在社会民生。顾宪成为东林书院亲自撰写对联：风声、雨声、读书声，声声入耳；家事、国事、天下事，事事关心。表明了东林书院的宗旨和办学方针。顾宪成等人反对理学之空谈心性，提倡“治国平天下”的“有用之学”，以能否治世、“有用”作为评价和衡量一切思想学说的标准和尺度。一定程度上打破了脱离实际、言而无物的王阳明心学的不良学风。他们在政治上“讽议朝政，裁量人物”，抨击保守派的腐朽政治，很快形成一个有影响的政治集团。因此，到东林书院求学的文人士大夫们“闻风响附，学舍至不能容”，“朝士慕其风，多遥相应和”。② 天启五年（1625年），权阉魏忠贤大肆打击、迫害异己，使人将凡是与东林学派有过较为密切来往的、被东林派赞扬过的官员，罗列一个清单，编著为“东林党人榜”，颁布天下，共有300多人名列其上，因此，东林学派又有“东林党”的称谓。

东林党代表了东南地区中下层地主阶级和工商业者的要求，在

① 王文清：《江苏史纲（古代卷）》，江苏古籍出版社，1993，第688页。

② 《明史》卷231，《顾宪成传》。

经济上提出“惠商”的进步主张。顾宪成支持淮安巡抚李三才反对税使、罢停矿税的斗争。党人徐如珂提出“不使富者因贫者而倾家，斯为两便”的“贫富两便”说，主张“恤民不累富”，[①] 这里的“富”是指工商业者。党人李应升要求封建政府“曲体商人之意”，实行减税以“惠商”。[②] 党人赵南星称“士农工商生人之本业”，是“工商皆本”说的先驱。[③]

（4）顾炎武“明道救世”的经世致用学说。顾炎武（1613～1682年），字宁人，号亭林，江苏昆山人。顾炎武秉承东林学派开创的实学之脉绪，他反对陆王心学，他说：“今日之清谈，有甚于前代者？……未得其精而以遗其粗，未究其本而先辞其末。不习六艺之文，不考百王之典，不综当代之务，举夫子论学论政之大端一切不问，而曰一贯，曰无言。以明心见性之空言，代修己治人之实学。”[④] 他在性与天道、理气、道器、知行、天理人欲诸多范畴，都显示了与程朱理学迥异的为学旨趣。顾炎武为学以经世致用的鲜明旨趣，朴实归纳的考据方法，创辟路径的探索精神，以及他在众多学术领域的成就，宣告了晚明空疏学风的终结，开启了一代朴实学风的先路，给予清代学者以极为有益的影响。他提出“君子为学，以明道也，以救世也。徒以诗文而已，所谓雕虫篆刻，亦何益哉？”“凡文之不关于六经之指、当务之世者，一切不为”，强调应当“引古筹今”作“经世之用”。[⑤] 他心忧天下，提出“保天下者，匹夫之贱，与有责焉耳矣”。梁启超将之总结为“天下兴亡，匹夫有责”。他大胆怀疑君权，并提出了具有早期民主启蒙思想色彩的“众治”的主张。他不仅提倡经世致用，反对空谈，而且身体力行，在国家典制、郡邑掌故、天文仪象、河漕、兵农及经史百

---

① 徐如珂：《徐念阳公集》卷7，《候吴县万父母》。

② 李应升：《落落斋遗集》卷8，《上巡道朱寰同书之二》。

③ 吴承明：《吴承明集》，中国社会科学出版社，2002，第261页。

④ 顾炎武：《日知录集释》，岳麓书社，1994，第154页。

⑤ 顾炎武：《顾亭林诗文集》，中华书局，1959，第93页。

家、音韵训诂之学等方面都有专门研究。晚年治经重考证，开清代朴学风气。他博学于文，著有《日知录》32卷、《音学五书》38卷、《古音表》3卷、《易音》3卷、《诗本音》10卷、《诗本音》10卷、《唐韵正》20卷、《音论》3卷、《金石文字记》6卷、《天下郡国利病书》100卷以及《肇域志》4册。他行万里路，走出书斋，经历南北，自谓“九州历其七，五岳登其四”，[①] 留心天下郡国利病，注意将书本知识与实际考察结合起来。

在经济上，顾炎武对社会经济生活多有考察。他提倡“利民富民”，“以厚生为本”，并认为“善为国者，藏之于民”。由于他曾经经商，“改容作商贾”，“流转吴会间”，所以，他对苏州工商业的情况十分熟悉。他在《肇域志》中描写苏州：“居民大半工技，金阊一带，比户贸易，负郭则牙侩辏集……滨湖近山小民最力穑，耕渔之外，男妇并工捆屦、辟麻、织布、织席、采石、造器营生。”“吴民不置田亩，而居货招商，阛阓之间，望如锦绣”。“东洞庭……编民亦苦田少，不得耕耨而食。并商游江南北，以通齐、鲁、燕、豫，随处设肆，博锱铢于四方，以供吴之赋税，兼办徭役，好义急公，兹山有焉。”[②] 此外，他对徽商、东南沿海贸易等都有描述。他与商人交友，也为商人代言。他称赞盐商王时沐：“君虽业盐，而孝友，急功好施，有远见，能自树，乃过于世之君子。”[③] 类似的还有：“关中故多豪杰之士，其起家商贾为权利者，大抵崇孝义，尚节概，有古君子之风。”[④] 顾炎武也对“私”进行肯定，他说：“天下之人各怀其家，各私其子，其常情也。为天子为百姓之心，必不如其自为。”[⑤] “有公而无私，此后代之美言，非

---

① 《亭林文集》卷6，《与杨雪臣》。

② 转自许苏民《论顾炎武经济思想中的近代性因素》，《湖北大学学报》（哲学社会科学版）2004年第6期。

③ 《亭林文集》卷5，《歙王君墓志铭》。

④ 《亭林文集》卷5，《富平李君墓志铭》。

⑤ 顾炎武：《顾亭林诗文集》，中华书局，1959，第15页。

先王之至训。"[①] 因此，"民享其利，将自为之，而不烦程督。"[②]此外，顾炎武对土地商品化、货币问题、自由贸易、开放海禁、赋税制度、商品经济发展展开论述。这些经济思想，反映了东南地区资本主义生产关系萌芽状态下新兴市民阶层的思想意识。

(5) 黄宗羲"工商皆本"说。黄宗羲（1610～1695年），东林党之后。浙江绍兴府余姚县人，明末清初经学家、史学家、思想家、地理学家、天文历算学家、教育家。他的父亲是"东林七君子"之一的黄遵素。黄遵素，万历进士，天启中官御史，东林党人，因弹劾魏忠贤而被削职归籍，不久下狱，受酷刑而死。崇祯元年（1628年）魏忠贤、崔呈秀等已除，天启朝冤案获平反。黄上书请诛阉党余孽许显纯、崔应元等。五月刑部会审，出庭对证，出袖中锥刺许显纯，当众痛击崔应元，拔其须归祭父灵，人称"姚江黄孝子"，明思宗叹称其为"忠臣孤子"。黄宗羲不仅为东林之后，秉承了东林学派的反封建精神，而且参加了复社。复社是继东林党之后江苏又一个著名政治团体。由吴江知县熊开元始创，太仓人张溥、张采加以壮大，最多时达数千人，成为东南地区一支强大的有影响的政治势力，被称为"小东林"。黄宗羲就是复社的著名人士，曾做《留都防乱公揭》,[③] 与魏阉余党作斗争。黄宗羲在政治上反对君主专制，他在《明夷待访录·原君》一文中说："为天下之大害者，君而已矣。"

在经济上黄宗羲提倡私利，《原君》中有："向使无君，人各自私也，人各自利也。"并明确提出"工商皆本"说，《明夷待访录·财计三》："今夫通都之市肆，十室而九，有为佛而货者，有为巫而货者，有为倡优而货者，有为奇技淫巧而货者，皆不切于民用；一概痛绝之，亦庶乎救弊之一端也。此古圣王崇本抑末之道。

① 顾炎武：《日知录集释》，岳麓书社，1994，第91页。
② 顾炎武：《日知录集释》，岳麓书社，1994，第372页。
③ 王文清：《江苏史纲（古代卷）》，江苏古籍出版社，1993，第693页。

世儒不察，以工商为末，妄议抑之。夫工固圣王之所欲来，商又使其愿出于途者，盖皆本也。”[①]“工商皆本”思想的提出，瓦解了传统的“农本商末”，当然，黄宗羲这段话中对“工”“商”都有自己的严格定义，以“切与民用”作为标准，甚至认为“酒食”都应该禁止，这是其历史局限。

恩格斯说过：“任何一种新的学说，他的根源深藏在经济事实之中。”[②] 明清以来，江苏商品经济的发展，江苏人民的勤俭和农商实践，形成了追求功利、务实进取的传统，孕育出了新的经济伦理观。这种“工商皆本”的伦理观深植百姓心间，人们或在农闲之余兼做工商，或专门经营工商业，这都是天经地义的事。学者们的理论概括使得工商实践伦理化，更容易世代传承。

① 黄宗羲：《黄宗羲全集》第1册，浙江古籍出版社，1985，第41页。

② 恩格斯：《社会主义从空想到科学的发展》，人民出版社，1967，第19页。

第二章　钻天洞庭：苏商的形成

明清时期，中国出现十大商帮，其中江苏的洞庭商人常为时人称赞。明嘉靖、隆庆时期昆山名士归有光说："洞庭人依山而居，仅仅吴之一乡，然好为贾，往往天下所至，多有洞庭人。"① 小说家冯梦龙亦言："洞庭两山之人，善于货殖，四方八路，去为商贾"，江湖上称"钻天洞庭"。② 而且他们与著名的"徽骆驼"相提并论为"钻天洞庭遍地徽"。一天一地，一前一后，可见其独领商界之风骚。此外，江苏的扬州盐商和无锡商人在明清时期也闻名全国。以洞庭商人为代表的江苏区域性商帮的形成标志着苏商正式登上历史舞台。

一　洞庭商人：钻天洞庭遍地徽

洞庭商人是指以苏州西南吴县境内伸入太湖的两座岛屿洞庭东山和洞庭西山而命名的商人集团。当年以太湖中的洞山和庭山为界线，在其东者称洞庭东山，在其西者称洞庭西山。东山在历史上曾名胥母山与莫厘山，一说伍子胥迎母于此，一说隋朝莫厘将军居住得名。西山又名林屋山、禹迹山或包山，因山中有林屋洞而得名，

---

① 归有光：《震川先生集》卷21。

② 冯梦龙编《醒世恒言》第7卷《钱秀才错占凤凰俦》。

又相传大禹治水期间会诸侯于此而称禹迹山，又因西山四面为水所包围所以称包山。洞庭东、西两山在明清时期均各有3乡，东山有遵义乡（守义里）、震泽乡（闾城里）、蔡仙乡（白门里），西山则有姑苏乡（梅梁里）、洞庭乡（玄宫里）、长寿乡（习义里）。明清时期，东、西两山人口都在10万人左右，面积则分别为80平方公里与90平方公里。[①] 现在，它们分别是苏州市吴中区的东山镇、西山镇。

与其他商帮比较起来，洞庭商帮的形成首先是其所处的自然环境比较独特。洞庭东西二山处于太湖之中，山多地少，土狭民稠，仅靠种田无法满足生活。据抗战初期《关于东山地方现状府申报特派记者之陈词》中称：东山人口“三万三千”，“山地草荡居多，耕地极少，约计可稼之田不足五千亩，尚有荒坟桑柴错离阡陌之中，能产米者实仅四千余亩，岁收不过仅可供全山一月之量，余则悉仰外来。”[②] 当然洞庭东西两山亦有山湖之利，物产富饶，是著名的“花果之乡”，“鱼虾之利、桂柚李梅果实之珍，莲芡粟菰莼之富，甲于三吴。为商贾所辐辏，舻衔肩负，络绎不绝”。山里“遍种果实，既繁且美……兴贩南北，远近鬻售，所谓千头木奴，可埒封郡之富也”。[③] 洞庭的橘子，尤负盛誉，号曰洞庭红，“橘柚为产，多至千树”。“其土贵，凡栽橘可一树者，值千钱，或二三千，甚者至万钱。其民勤，有蓄千金，而憔及树艺，未尝废也”。[④] 洞庭人的经商活动就是先从贩卖本地的土特产花果开始的，逐渐扩大。崇祯《吴县志》载：“吴域阻山负湖，非若他邑之多平壤都腴田也，湖渔山樵仅足衣食，欲求殷户其可得乎？东西洞庭之民，鲜负农耕，多业商贾，地产果植，力作俭勤，不同城廓之浮荡，亦累困剧役不堪命矣。”明代东山著名官员王鳌说：“湖中诸山，以商

① 吴仁安：《明清江南望族与社会经济文化》，上海人民出版社，2001，第225页。
② 郭绪印：《老上海的同乡团体》，文汇出版社，2003，第296页。
③ 吴仁安：《明清江南望族与社会经济文化》，上海人民出版社，2001，第227页。
④ 傅衣凌：《明清时代商人及商业资本》，中华书局，2007，第92页。

贾为生，土狭民稠，民生十七八即挟赀出商，楚、卫、齐、鲁，靡远不到，有数年不归者。”[①] 其次，有相对便利的水运交通。洞庭东西山处于太湖之中，出入以水路为主。传统社会，水路运输是大宗物资的主要途径，方便快捷，费用低廉。洞庭东山，西至无锡 69 公里，西南至宜兴 108 公里，南到湖州 45 公里、南浔 27 公里、长兴 80 公里；洞庭西山，东至吴江 25 公里，南至湖州 35 公里，西至无锡 65 公里，北至胥口 25 公里。东、西山距离苏、松、常、嘉、湖五府的大小城镇只需半天或一两天时间。太湖又连接通向江宁、镇江两府的荆溪，连接经苏州府、松江府而流入东海的刘河、吴淞江和黄浦江，连接通往湖州府的苕溪，连接苏州府、常州府而通往长江的许浦和江阴运河，与大运河贯通。[②] 水运四通八达，可抵达全国大多数地区。物产富饶、交通便利为洞庭人经商提供了优越的条件。大致在明代中期，洞庭商帮开始为人关注，到明末，“钻天洞庭遍地徽”已成固定说法，这标志着苏商的形成。

总体而言，洞庭东山商人活动的范围主要在运河沿线，以经营棉布为主，重心在临清。顾炎武说东山人“商游江南北，以迨齐鲁、燕、豫，随处设肆，博锱铢于四方”。[③] 翁澍《具区志》卷 2 说：“东山多大贾，走江、淮间。”东山有名的大商人有翁、许、王、席四大家族以及金、严、张、马、陆、葛、叶、周等八大富室。

东山著名的翁氏家族经营布业于山东清源（临清）。苏州状元申时行（1535～1614 年）曾为翁笾（字少山）作传：“君少挟赀，渡江逾淮，客清源。清源百货之凑，河济海岱间一都会也。乃治邸四出，临九逵，招徕四方贾人。至者强属，业蒸蒸起已。察弟子童仆，有心计强干者，指授方略，以布缕、青靛、棉花货赂，往来靳

---

① 王鏊：《震泽编》卷 3。

② 王贤辉：《华夏商魂——中国十大商帮》，航空工业出版社，2006，第 162 页。

③ 顾炎武：《天下郡国利病书》卷 19，《江南七》。

襄、建鄴、闽粤间，甚至辽左汉北，闻其名，非翁少山布，勿衣勿被。于是南北转毂无算，海内有翁百万之称。”[①] 翁笾能成为“翁百万”与家族经商传统有直接关系。其曾祖、祖父翁毅、翁永福就以经商棉布为业。父亲翁参、叔叔翁赞兄弟俩更是志在经商，不攻章句，以清源为经营中心，前后 40 年，“达百货之情，审参伍之变，权本末之谊，能择人而任时”，声闻全国，海内无不知有翁春山（翁参之号）。嘉靖时，清源瘟疫流行，翁参出巨资行大善，建义冢、埋遗骸，“义声震齐鲁间”。到翁笾时，他在清源的交通要道广设店铺，招徕四方商人，更是如鱼得水，翁氏后人继续在临清经营布业，前后达 200 年。

与翁少山同时的许志问（字冲宇）“积居与时逐，家累巨万，即所居创大第”，直至清代，当地人说起富翁必称“翁许”。[②]

东山席家继翁氏之后而起。席氏兄弟席端樊、席端攀分别号左源、右源，他们先在松江青溪学习经商。17 岁那年父亲去世，兄弟二人同心协力，北走齐燕，南贩闽广，不 20 年，累资巨万。凡“吴会之梭布、荆襄之土靛、往来车毂，无非席商人左右源者”，“布帛衣履天下，名闻京师、齐鲁、江淮”。时人称东山便称“左右源席氏”。万历二十七年（1599 年），席氏率领东山许、翁、万几大商家在朱家角镇捐资兴建了慈门寺，席端攀还在该镇设置了义冢。左源之子席本广、席本久，右源之子席本桢继续经商。席本广才思敏捷，做事周密，即使老成谙练者也无不心服。席本桢原是太学生，后弃儒经商，“任时而知物，笼万货之情，权轻重而取弃之。”[③] 席氏后人一直经商，鸦片战争后开始进入上海成为著

① 申时行：《少山公墓志铭》，乾隆《翁氏宗谱》卷 11，见范金民《明清洞庭商人家族》，http://wenku.baidu.com/view/85fb3193daef5ef7ba0d3c0d.html；另见张志新《读王鏊〈吴中赋税书与巡抚李司空〉》，《苏州大学学报（哲学社会版）》1985 年第 1 期。

② 吴仁安：《明清江南望族与社会经济文化》，上海人民出版社，2001，第 229 页。

③ 范金民：《明清洞庭商人家族》，http://wenku.baidu.com/view/85fb3193daef5ef7ba0d3c0d.html。

名的买办家族。

东山另一著名的王氏家族传承最久，亦官亦商，历600余年而不衰，子孙发达，人才辈出。仅就王鏊后人统计，就出了500多名院士、教授等高级人才。[①] 洞庭东山王氏家族先祖千七将军，从汴梁护驾南渡，始家洞庭东山。和东西山多数家族一样，王氏初到东山时为武将，然后以经商起家，最后以科举显名。正如王季烈所言："我家迁吴以来，初为武臣，继而服贾。迨我十六世祖惟道公始令子弟读书，及文恪公（王鏊谥号）而大显于世。"该家族在东西山家族发展史上有典型意义。千七生子万六、万七、万八，都称将军。万八生一子名胜五。胜五生福十二等14人。王氏子孙在元代都未做官，几代经商，积资不菲，后一度中落。福十二之孙、第七世伯英（生于至正间，卒于永乐十三年，即1415年）入赘于陆家，已生五子（惟善、惟德、惟贞、惟道、惟能）。陆家欲伯英还宗，伯英率五子毅然离开陆家，割蔓草、去瓦砾，重新安家，其地后被称为王巷。王氏全家刻苦经营，家业大昌。王氏家族在商业上取得了不少成就，涌现出了不少有名的大商人，如明正统年间状元施槃撰《王公惟贞阡表》说，王鏊的叔祖王惟贞"自小历览江湖，深谙积著之术，故江湖豪侠尊为客师，至今言善理财者，必曰惟贞公"。[②] 王氏家族一面经商，另外又注重读书从政，是个典型的士商对流之家。王鏊后裔王颂蔚曾经论述经商与读书的关系："祖父遗产，传之子孙者，不可多；多则子孙有依赖之心，图安乐而不知自振。然亦不可无，无则终日营于衣食，存苟且之心，昧远大之见。我之得以致力朴学，不为帖括所役者，亦赖先人遗有薄产，足资飨粥，不必皇皇以谋食耳。"[③] 王颂蔚（1848～

① 付庆芬：《江苏太湖洞庭东山王氏家运不衰原因探析》，《北京电子科技学院学报》2010年第3期。

② 嘉壹书斋：《江苏苏州王氏家族》（下），全球王氏网，http://www.wang-shi.com/html/44/n-3244.html。

③ 付庆芬：《江苏太湖洞庭东山王氏家运不衰原因探析》，《北京电子科技学院学报》2010年第3期。

1895 年)，是光绪六年（1880 年）进士，官至户部郎中，军机处领班章京。这位晚清进士不仅有扎实的国学基础，而且崇尚实学，曾力荐科举试卷不中程式的蔡元培为进士。从他的这段话可以看出，他本人读书时的家庭环境还是很优越的，主要是祖上经商留下财富而让他不必为稻粱谋。

除运河沿线城市，东山人还在南京经商。明代后期朱良佑在南京开酤坊、吴小洲在南京开糟坊。[①] 吴小洲的糟坊发展到“一二万金之产”。入清之后，“东山在金陵设肆贸易者日益盛”，由东山商人翁怡亭倡议，集资于嘉庆四年（1799 年）在南京建成洞庭会馆。

洞庭西山商人主要活动在长江沿线，特别是荆湘一带，明清文献多记录有西山“商贩谋生不远千里，荆襄之地竟为吾乡之都会，而川蜀、两广之间，往来亦不乏人”“西山之人商于湖广者多”“兢尚行贾，以故山中人之贾于楚者，率十室而九”[②]。著名商人有秦氏、沈氏、吴氏、郑氏、徐氏、孙氏、邓氏等家族。西山秦氏为宋朝秦观之后，明中期，秦怡松“迁有无，化居荆襄间。”秦仁因家贫，放弃学业而转营商业，在沅湘之地从事贩运前后达 20 年，积累逐渐增多。清朝时，秦元社，年仅弱冠即服贾荆襄。[③] 西山吴氏居明月湾村，吴氏谱牒中记载经商之人不计其数，明嘉靖时，吴允晖“以困于境不能卒业于儒……因竭微货，南贾豫楚”，清代吴树衡“素贾楚南”。[④] 西山其他几个姓氏也是多以沿长江一带经商为业。西山商人以经营丝绸、棉布和米粮为主，他们将苏松绸布销往长江中上游乃至内地，同时将湖广的米粮销往以苏州为中心的江南地区。因此，当时有：“枫桥米艘日以数百皆洞庭”的说法。[⑤]

---

① 吴仁安：《明清江南望族与社会经济文化》，上海人民出版社，2001，第 227 页。

② 范金民：《明清洞庭商人家族》，http：//wenku. baidu. com/view/85fb3193daef5ef7ba0d3c0d. html。

③ 范金民：《明清洞庭商人家族》，http：//wenku. baidu. com/view/85fb3193daef5ef7ba0d3c0d. html。

④ 吴仁安：《明清江南望族与社会经济文化》，上海人民出版社，2001，第 230 页。

⑤ 王维德：《林屋民风》卷 7，《民风》。

在长江沿线和两湖地区他们以汉口、长沙为重心，明代嘉靖、万历年间，洞庭西山商人在长沙建立了金庭会馆，清代雍正年间，又在汉口建立了金庭会馆。

明清洞庭商人能在商界纵横驰骋，风骚独具，从而被形容为“钻天洞庭”，主要是因为这样一些因素：

第一，洞庭商人经商活动的地域广大，无处不在。除前述归有光形容洞庭人的“往往天下所至”外，王鏊说西山人“驾巨舶，乘弘舸，扬荆襄之帆，故潇湘之柁，巴西粤南，无往不可。”[①] 李东阳说洞庭人“散而商于四方，踪迹所至，多有洞庭人”。[②] 王维德说洞庭人“行贾遍郡国，滇南、西蜀，靡远不到。”[③] 这都说明洞庭商人活动地域相当广泛，天南海北，只要有利可图，都会见到洞庭商人的踪迹。当然，在“天下所至”的前提下，洞庭商人的主要活动地域是运河沿线和长江沿线，主要经商地点是苏州、南京、临清、长沙和汉口等城市。洞庭人经商的这些地域人口众多，农业经济比较发达，城市繁荣，市场广阔，有利可图。

第二，洞庭商人经商手段高明，无孔不入。洞庭人经商就组织形式而言一般是家族式经营并十分注重乡谊，主要是兄弟以及亲戚联手式的家族经营方式，如王氏王惟道、王惟能、王惟贞兄弟，翁氏翁参、翁赞兄弟，席氏左源、右源兄弟。而洞庭人“兄弟同居，财不私蓄，一人力而求之，三四昆弟均得析。”“吾山兄弟众多者，农工商贾，量才习业，所得钱财，悉归公所，并无私蓄。间有才能短拙，不谙生理者，必待其有子成立，始以家产均分，并无偏私。此风比户皆然也。”[④] 商人家族之间亦互相通婚，范金民考查了翁氏五代 108 人婚嫁情况，发现翁氏主要通婚对象是席氏、叶氏、周

---

① 王鏊：《洞庭山赋》，《吴都文粹绪集》卷 21，《山水》。

② 李东阳：《怀麓堂集》卷 32，《南隐楼记》。

③ 王维德：《林屋民风》卷 7，《民风》。

④ 王维德：《林屋民风》卷 7，《民风》。

氏这3个经商世家。[①] 此外，洞庭商人注重乡谊，“异乡相见，倍觉多情，虽谊属疏阔，至乡人之寓，如至己家，有危必持，有颠必扶，不待亲族也。即或平素有隙，遇有事于异乡，鲜有不援助者。如其不然，群起而非之矣”。[②] 洞庭人的这种经营方式使他们能团结一致，努力经商，共同应对商业竞争，并且资本不会分散，易于积聚和扩大，故能久远于商界。翁氏、席氏、王氏都能历数百年而不衰，与洞庭人的这种聚族经营和注重乡谊有一定关系。洞庭商人经营的商品很多，包括粮食、丝绸、棉花布匹、花木水果、木材、药材、染料、瓷器、纸张书籍、典当、山珍海货等。他们对诸多商品的市场信息和行情十分熟悉，因时而变，灵活经营。翁赞可以“达百货之情，审参伍之变”；翁启明“不出户而知万货之情，不杼轴而以东南之女工衣被半海内”；席本桢“其于治生也，任时而知物，笼万货之情，权轻重而取予之”，“喜观万货之情，所谓亡者使有，利者使阜，害者使无，靡者使微，罔不协其权衡，举金穰水毁、木饥火旱，能变以因时”。东山叶姓商人，先在开封经营，后“买布入陕，换褐，利倍，又贩药至扬州，数倍。贸易三载，货盈数千”。[③] 在诸多商品经营中，洞庭商人最擅长经营米粮业和布帛业。东山商人以临清为重心，向北输出棉布，向南运入棉花；西山商人以长沙、汉口为重心，上水为绸缎布帛，下水为米粮。输入的是生活资料，输出的是工业品。衣食为人们生活所必需，洞庭商人目光敏锐，以这两类商品为经营主业，量大利厚，来回都是满载，生意稳定，使洞庭商人获得丰厚回报，能长期立于不败之地。

第三，洞庭东西山文化发达，读书人的商家出身及其对商人的宣传，使洞庭商人声名远播。经济基础决定上层建筑，洞庭商人逐利天下，不仅获得了丰厚的利润，还大大促进了地方文化教育的发

---

① 范金民：《洞庭商人的经营方式与经营手段》，《史学月刊》1996年第3期。

② 王维德：《林屋民风》卷7，《乡情》。

③ 范金民：《洞庭商人的经营方式与经营手段》，《史学月刊》1996年第3期。

展。1431年，洞庭东山出了第一位状元施槃。1475年，东山又出了一个探花王鏊。洞庭因此“文风大振，若夫后学能文之士，望巍科而企荣显者，又将继继绳绳而不绝也”。[①] 施槃、王鏊都出身经商之家。施槃父亲经商淮扬，施槃的侄子也随祖父在淮阴经商。王鏊叔祖王惟贞是理财大师，伯父王公荣在景泰年间“货殖留亳，积十余年”而“业大起”。王鏊后人中中举者众多，著名的有曾孙王禹声（1589年进士），八世孙王士琛（1712年状元），清末还出了进士王颂蔚、王季烈。明清两代，东山出过2名状元、1名探花、2名会元、28名进士，西山出过12名进士，至于举贡、诸生则不计其数。[②] 东西山能出这么多读书人无疑是与其雄厚的经济基础密不可分的。其实，洞庭人对子弟职业有个基本的要求，子弟中聪慧者让其走读书科举之路，缺乏读书才能的人则让其外出经商谋生，“且子弟弱冠，而不能业儒者，即付以小本经营，使知物力艰难，迨其谙练习熟，然后托付亲朋，率之商贩”。[③] 这样，家族中有儒有贾，相得益彰，贾保证儒有优越的读书环境，儒为贾立传扬名，为贾正名，与贾交游。读书人出身商家，自然对商人具有天然的感情，他们乐于与商人交游，乐于为商人宣传。施槃为王惟贞写过《王公惟贞阡表》，另一位苏州状元申时行为翁少山写过《少山公墓志铭》。地方文献、小说、戏剧中都有洞庭商人形象，如苏州文学家、戏剧家冯梦龙的“三言”小说、洞庭西山人王维德撰写的《林屋民风》中大量记载了洞庭东西山商人的情况。正是由于文人的宣传与赞扬，洞庭商人开始闻名天下。

二　扬州盐商：扬州繁华以盐胜

扬州盐商经营盐业于两淮盐区，故又被称作两淮盐商。两淮盐

① 吴惠：《太湖备考》，江苏古籍出版社，1998。

② 吴仁安：《明清江南望族与社会经济文化》，上海人民出版社，2001，第231页。

③ 王维德：《林屋民风》卷7，《民风》。

区以淮河为界，淮河由西向东入海，淮河以南为淮南盐区，淮河以北为淮北盐区。两淮盐区在江苏境内，南界两浙，北界山东，居黄海之滨，明清时分属通州、泰州和海州。两淮盐区在全国 11 个盐区产量最大，盐税上交封建政府最多，“损益盈虚，动关国计”[①]，因而封建政府对之高度重视。明代，中央政府在两淮盐区设都转运盐使司衙门，直属户部，常驻扬州。设运使 1 人，另有同知、副使、判官、首领官、经历、知事、库大使等官员。另有巡盐御史（非常制），所有盐务都受其政令。清代亦设巡盐御史（后称盐政）1 人，但变为常制，为两淮盐区最高行政长官。下有盐运使 1 人及经历、知事、巡检、库大使等官员。

盐为人们生活所必需，历代政府对食盐均实行专卖制度。明代对盐实行开中折色制和纲盐制。洪武三年（1370 年），明政府为解决山西北部军粮供应问题，以两淮盐引招商运输军粮，商人将官粮运到边关，即可换取盐引。后来商人运自己的粮食到边关也可，进而发展到运米、茶、麦、豆、草、铁、马、绢、布，甚至纳银都可以换取盐引，此为开中制。商人首先以粮换取盐引，然后到指定的盐场支盐，最后把得到的盐运到指定的地区销售，这样从获取盐引到销售就分为报中、守支、市易三步。由于报中与支盐相距甚远，诸多不便，开中商人逐渐分化为专门输粮报中换引的边商、专门守候支盐的内商和专门运销的水商。成化二年（1466 年），两淮盐运司直接开卖盐引，所得之银，解边充饷，此为运司纳银制。开中制的实施，使得商人可以通过纳粮中盐从而获得厚利。陕西、山西等地商人由于地临边境，他们或者直接运粮到边关，或者就地在边关雇人种地（商屯），成为纳粮中盐的主体，两淮盐引的大部分也为他们所控制。明中叶后，吏治日显腐败，王公大臣、内外官员觊觎盐利，他们开始垄断占中，开中制招致破坏，在势要豪强垄断下，一般商人报中十分困难。此外，明代制盐技术提升，灶户产量提

① 嘉庆：《两淮盐法志》卷 55。

商，正引之外，尚有余盐。成化十九年（1483 年），余盐开禁，使苦于无法占中支盐的盐商可以直接向灶户购盐，灶户出售余盐，盐商获取盐利，两相便利。这大大冲击了开中制，边商利益受到打击，导致正引不行，严重影响国库收入。万历四十四年（1616 年），袁世振开始清理两淮盐政，提出《条陈盐法十议》。第二年，他又提出《纲册凡例》，把零销分运的内商组织起来结纲运销淮盐。每年以一纲行旧引，九纲行新引，直至旧引行完，然后逐渐增加新引，此为纲运法。这样，内商速售旧引，边商得到新引，既解救了内商，又照顾了边商。更重要的是，纲运法使得入纲的内商有了经营食盐的专利。食盐由官方专卖变为拥有资格的商人专卖。他们垄断了一个盐区食盐的购买、运输和固定销区食盐的销售。清袭明制，入关后亦行纲运法。扬州盐商就是在这样的背景下出现的。明清以来，他们是封建政府特许的包销商人〔直到道光十年（1831 年）盐商专卖制才废除〕，实际上是官商。他们利用政府政策，垄断了淮盐的运销，积累了巨额财富，铸就了扬州的繁华与辉煌。扬州盐商成为中国封建社会晚期最大的商业资本集团。据宋应星估计，明万历时，扬州盐商资本金为 3000 万两，每年利润 900 万两。到清朝时，汪中估计为七八千万两。① 也即从明万历到清乾隆时期，在扬州经营淮盐的商业资本增加了两倍多。而乾隆四十六年（1781 年），清朝国力最盛之时，国库存银也不过 7000 万两。②扬州盐商个人积累的资本金额，明人估计，大贾百万两，中贾二三十万两。至清代，最高达千万两，最少一二百万两，百万以下皆为小商。③ 因而，乾隆南巡时，对扬州盐商之富大为惊叹。时人亦谚

---

① 汪中：《从政录》卷 2；朱正海：《盐商与扬州》，江苏古籍出版社，2001，前言第 3 页、第 141 页。

② 马涛：《走出中世纪的曙光：晚明清初救世启蒙思潮》，上海财经大学出版社，2003，第 220 页。

③ 朱正海：《盐商与扬州》，江苏古籍出版社，2001，前言第 3 页。

云：一品官，二品商。[①] 此商即指扬州盐商，他们的社会地位可以与朝廷一品大员相媲美，可见其财富之巨。

扬州盐商的主体本是陕西人、山西人和徽州人，他们经营淮盐而寓居扬州，逐渐变为扬州人。根据朱宗宙先生《扬州盐商的地域结构》一文初步统计，明清时期比较著名的扬州盐商中，原籍山西的 4 人，陕西 10 人，安徽 20 人，其他 8 人。[②] 他们因开中制而与淮盐搭上关系，又因纲运法变为经营盐业的专商，世居扬州。"扬以流寓入籍者甚多，虽世居扬而仍系故籍者不少。明中盐法行山陕之商麇至。三原之梁，山西之阎、李，科第历二百余年。至于河津、兰州之刘，襄陵之乔、高，泾阳之张、郭，西安之申，临潼之张，兼籍故土，实皆居扬。往往父子兄弟分属两地，若耒阳之戴，科名仕宦已阅四世，族尽在扬。"[③] 山陕商人靠近边关，开中制对他们便利，刚开始他们是扬州盐商的主体，实力雄厚。纲运法实施后，徽商亦因地利之便，靠近扬州，后来居上。据清光绪《两淮盐法志·列传》记载，自明代嘉靖至清代乾隆年间，在扬州的著名客籍商人共计 80 人，其中徽商 60 名，陕西、山西商人各占 10 名。[④] 徽商势力强大，《歙县志》云："邑中商业，以盐、典、茶、木为最著，在昔盐业尤盛焉。两淮八总商，邑人恒占其四。各姓代兴，如江村之江，丰溪、澄塘之吴，潭渡之黄，岑山之程，稠墅、潜口之汪，傅溪之徐，郑村之郑，唐模之许，雄村之曹，上丰之宋，棠樾之鲍，蓝田之叶皆是也。彼时盐业集中淮扬，全国金融几可操纵，致富较易，故多以此起家。席丰履厚，闾里相望。其上焉者，在扬则盛馆舍，招宾客，修饰文采。在歙则修祠宇，置义田，敬宗睦族，收恤贫乏。下焉者，则侈服御居处，声色玩好之

① 欧阳昱：《见闻琐录》卷 3。

② 朱宗宙：《扬州盐商的地域结构》（续），《盐业史研究》1996 年第 4 期。

③ 嘉庆：《江都县绪志》卷 12。

④ 朱正海：《盐商与扬州》，江苏古籍出版社，2001，第 71 页。

奉，穷奢极靡，以相矜炫己耳……俗所谓盐商派。”[①] 明谢肇淛说：“富室之称雄者，江南则推新安，江北则推山右。新安大贾，鱼盐为业，藏镪有至百万者，其他则二三十万，则中贾耳。”[②]

陕西人、山西人、徽州人能成为扬州盐商的主体，与他们的经商传统有关。陕西三原县“民多商贾……商贾远出，每数年不归，劝令买地耕种，多以为累，思欲转移令务本轻末，其道良难”；泾阳县“民逐末于外者八九”，甚至有“数十年不归其里庐者”[③]；富平县“地沃丰收，又兼木棉布丝之利，人十九商贾”。[④] 山西地瘠民贫，“民无可耕俯仰无所资，迫而履险涉遐，负贩贸迁以为谋生之计”“晋俗以商贾为重，非弃本而逐末。土狭人满，田不足于耕也”“山右大约商贾居首”“晋省民人，经营于四方者多”。[⑤] 徽州亦因地处山区，不宜农耕，所以徽州人弃农经商。“大抵徽俗十三在邑，十七在天下”。[⑥] 他们“走吴、越、楚、蜀、闽、粤、燕、齐之郊，甚至逖而边陲，险而海岛，足迹几遍宇内”。[⑦]

扬州盐商最盛时，代表人物有“三十总商”“八大总商”之说。“两淮旧例，于商人之中，择家道殷实者，点三十人为总商。每年开征之前，将一年应征钱粮数目核明。凡散商分隶三十总商名下，令其承管催追”[⑧]，“如有拖欠，即将该商革退引窝，别募殷实商人承顶。所欠钱粮，著落该商家产追赔。”[⑨] 还有“南季北亢”“北安西亢”“南马北査”之说。

泰兴季氏季寓庸（字因是），靠盐业发家。李岳瑞《春冰室野

① 《江淮论坛》编辑部：《徽商研究论文集》，安徽人民出版社，1985，第601页。
② 谢肇淛：《五杂俎》卷4。
③ 《陕西通志》卷45。
④ 嘉靖：《耀州志》卷4。
⑤ 朱正海：《盐商与扬州》，江苏古籍出版社，2001，第82页。
⑥ 王世贞：《弇州山人四部稿》卷61。
⑦ 康熙：《休宁县志》卷1。
⑧ 《钦定大清会典事例》卷178，《户部·盐法·两淮》。
⑨ 《钦定大清会典事例》卷182，《户部·盐法·禁例》。

乘》中说：国初富室以“南季北亢”为领袖。季氏居泰兴季家市，其族人三百余家皆有复道，门户相通。[①] 季寓庸生活奢华。家中养了许多女戏子，“蓄女乐两部，服饰至值百万”。其子季振宜号沧苇，顺治四年（1647 年）进士，官至监察御史。季振宜生活一如其父，豪侈更甚：“康熙九年（1670 年）霖雨连旬，恐霉气侵涴，命典衣者曝裘于庭，张而击之。紫貂、青狐、银鼠、金豹、舍利狲之属，脱毛积地，厚三寸许。家有女乐三部，悉称音姿妙选。阁燕宾筵，更番佐酒，珠冠象笏，绣袍锦靴，一妓之饰，千金具焉。”[②] 季振宜好学善文，还是著名的藏书家，“先生家世簪缨，为延令（延令为泰兴别名——笔者注）望族，英才好学，善属文，尤精五七言。”“喜藏书，插架盈箱，类多人间未见之籍，尤嗜宋雕本善本，饼金悬购，收藏之富，甲于江南。”[③] 地方志说他“于书无所不窥，购求善本，手自勘校”。[④] 他把搜求而来的珍善本编辑撰写成《季沧苇藏书目》。黄裳《书林漫话》中亦有“毛子晋和季沧苇，都是很有名的藏书家，他们讲究收藏宋元刻本、抄本、稿本”。[⑤]

亢氏为在扬业盐的山西平阳人亢其宗及其家族，清初与江苏泰兴季氏（季寓庸）“具以富闻于天下”。他们主要是因为经营淮盐而富起来的，文献记载有“乾嘉间海内富室，推宛平祝氏、查氏、盛氏，怀柔郝氏。康熙时平阳亢氏、泰兴季氏，皆富可敌国，享用奢靡，埒于王侯。祝米商也，郝起农田，余皆业鹾典”。[⑥]《清稗类钞》记载：“亢氏为山西巨富，自明已然。洪洞韩承宠娶于亢，奁金累数万”，“山西富室，多以经商起家。亢氏号称数千万两，实为最巨。”

① 韦明铧：《两淮盐商》，福建人民出版社，1999，第 73 页。
② 钮琇：《觚賸·续编》卷下，《事觚·季氏之富》。
③ 朱宗宙：《清初扬州著名藏书家——季振宜》，《扬州大学学报》（社科版）2000 年第 4 期。
④ 光绪：《泰兴县志》卷 20，《人物》。
⑤ 韦明铧：《两淮盐商》，福建人民出版社，1999，第 75 页。
⑥ 邓之诚：《骨董琐记》卷 3，《富室》。

马国翰《竹如意》里有：山右亢某，家巨富，仓庾多至数千，人以“百万”呼之，恃富骄悖，好为狂言。时晋省大旱，郡县祈祷，人心惶惶。亢独施施然，对众扬言：“上有老苍天，下有亢百万；三年不下雨，陈粮有万石！”① 可见亢氏财富之厚。亢氏在扬州小秦淮河旁筑“亢园”，此园“长里许，自头敌台起，至四敌台止，临河造河屋一百间，土人呼为百间房，至今地址尚存，而亭舍堂屋，已无考矣”。②

以“北安西亢”与亢氏齐名的安歧，字仪周、号麓村、绿村、松泉老人。安歧是朝鲜人，其父安尚义为康熙朝权相明珠家奴。他们为明珠“鬻盐于淮南”③，本重势大。安麓村挟巨资行盐于江西吉安府等四府，有盐引 30 万引。清代两淮行盐总额 168 万余引，而安氏一人垄断了其中的 1/6 以上，其资本之大，势力之强，无人能比。④ 安氏经营淮盐，家就安在扬州，名安家巷。道光年间，安歧故居为吴清鹏所有，吴氏《卜居并序》中说：“余于去腊卜居扬州广储门之安家巷，喜其名为安家也。”⑤

徽商在扬州经营淮盐后来居上，所谓“南马北查”之“马”是指“扬州二马”马曰琯、马曰璐兄弟二人，他们原籍就是徽州祁门人。“二马”的祖父马承运到扬州经营淮盐，马家开始入江都籍。到马氏兄弟时，不仅家业富饶，是著名的盐商，而且喜好藏书、作诗、乐善好施，具有很高的社会声望。阮元在《淮海英灵集》中说：马氏兄弟业盐于两淮，资产逊于他氏，而卒能名闻九重，交满天下，则稽古能文之效也。⑥ 阮元又说：“扬州业盐者多，今求一如马君者，不可得矣！”⑦

另一位著名徽州盐商为江春，他与乾隆皇帝是好朋友，人称

---

① 韦明铧：《两淮盐商》，福建人民出版社，1999，第 70 页。

② 李斗：《扬州画舫录》卷 9。

③ 徐珂：《清稗类钞（农商类）》，《安麓村为明珠鬻盐》。

④ 朱正海：《盐商与扬州》，江苏古籍出版社，2001，前言第 90 页。

⑤ 韦明铧：《两淮盐商》，福建人民出版社，1999，第 70 页。

⑥ 朱正海：《盐商与扬州》，江苏古籍出版社，2001，前言第 126 页。

⑦ 韦明铧：《两淮盐商》，福建人民出版社，1999，第 78 页。

“以布衣上交天子”，可见他作为扬州盐商代表与封建政府的关系之深。江春字颖长，号鹤亭，原籍徽州歙县江村，江春行盐的旗号为“广达”，人们又称他“江广达”。地方志这么记载他：少攻制举业，乾隆辛酉年（1741年）乡闱以兼经呈荐，因额溢见遗，遂弃帖括经商扬州。练达明敏，熟悉盐法，司鹾政者咸引重，推为总商。才略雄骏，举重若轻，四十余年规划深远。高宗六巡江南，春扫除宿戒，懋著劳绩，自锡加级外，拜恩优渥，不可殚述。曾赏借帑金30万两，为盐商之冠，时谓“以布衣上交天子”。[①] 江春出身业盐世家。他曾祖、祖父都在扬州业盐，祖父名江演，髫年与其父“担囊至扬州”，“用才智理盐策”，“数年积小而高大”，“卓然能自树立，凡鹾政机宜洞悉利弊”。[②] 江春的父亲江承瑜为两淮总商之一。江春22岁就协助父亲经营盐业，到69岁去世，在两淮盐业界驰骋40多年。袁枚称赞他“辅志弊谋动中款要。每发一言，定一计，群商张目拱手，画诺而已。”[③] 江春能够得到乾隆皇帝的赏识，除了其盐业盐政方面“举重若轻”的办事能力外，主要是他能急朝廷之所急，向清政府报效了巨额钱财。据嘉庆《两淮盐法志》记载，从乾隆三十八年（1773年）到四十九年（1784年），短短10来年时间，江春等扬州盐商就向政府“输将巨款”1120万两白银之多。乾隆形容江春“江广达人老成，可与咨商”，赐予他内务府奉宸苑卿、布政使官衔，赏戴孔雀翎，并在南巡扬州时，两次“临幸”江春住所康山草堂。徐珂《清稗类钞》又记：清高宗巡幸至扬州，时江春为盐商纲总，承办一切供应。某日，高宗幸大虹园，至一处，顾左右曰：“此处颇似南海之琼岛春阴，惜无塔耳”，江闻之，亟以万金赂近侍，图塔状。既得图，乃鸠工庀材，一夜而成。次日，高宗又幸园，见塔巍然，大异之，以为伪也，既

---

① 民国：《歙县志》卷9。

② 朱正海：《盐商与扬州》，江苏古籍出版社，2001，前言第121页。

③ 袁枚：《诰封光禄大夫奉宸苑卿布政使江公墓志铭》；朱正海：《盐商与扬州》，江苏古籍出版社，2001，前言第122页。

至，果砖石所成，询知其故，叹曰：“盐商之财力伟哉!”可见江春在扬州盐商中的号召力与办事能力。江春经济困难时，乾隆皇帝还借钱给他，两次共55万两白银。江春去世后，又给其子江振鸿5万两白银作营运盐业的资本。①

扬州盐商之所以能扬名天下，细究起来有这样几个因素。

第一，扬州是世界著名的历史文化古城、商业都市，商因城名。扬州地处长江与运河交汇之处，“襟带淮泗，锁钥吴越”，又是漕运必经之地，“岁至京师者必于此焉是达”。② 扬州是南来北往、东来西向交通交叉处，在古代社会交通工具落后的情况下，扬州因运河、长江水运之便成为交通要道。全国各地的商人都汇集到扬州，形成“舟车之辐辏，商贾之所萃”③ 的格局。扬州在唐代就有“扬一益二”之说，是当时中国最大最繁华的城市。扬州风俗“俗喜商贾，不事农业”，“富商大贾，动愈数百”④。全国商人都来扬州经商，“四方豪商大贾，鳞集麇至，侨居户居者，不下数十万”⑤，造成扬州“商旅什九，土著什一”⑥ 的现象。文人笔下描绘出扬州的繁华更是让扬州成为世人羡慕的城市：杜牧“十年一觉扬州梦”；张祜“十里长街市井连，月明桥上看神仙。人生只合扬州死，智禅山光好墓田”；张若虚的《春江花月夜》更把扬州绮丽美景带入一种艺术圣洁的意境。扬州不只是一个城市，它还幻化成为人们精神世界的一个“扬州梦”，一种美妙的精神符号。

第二，扬州盐商财力雄厚，铸就了扬州的繁华，城以商名。盐商是扬州商人群体的主体。前已论及，盐利是封建社会的主要

① 朱正海：《盐商与扬州》，江苏古籍出版社，2001，前言第122~123页。
② 嘉庆：《重修扬州府志》，《阿克当阿序》。
③ 嘉庆：《两淮盐法志》卷55。
④ 朱正海：《盐商与扬州》，江苏古籍出版社，2001，前言第138页。
⑤ 乾隆：《淮安府志》卷13。
⑥ 康熙：《扬州府志》卷4。

财源，扬州作为两淮盐场管理机构所在地，遂为全国盐策之要区，“盐策之利，邦赋攸赖”。清代扬州著名学者汪中说：“广陵一城之地，天下无事，则鬻海为盐，使万民食其业，上输少府，以宽农田之力；及川渠所转，百货通焉，利尽四海。”[①] 也就是说只要在扬州把两淮盐政搞好了，则可天下无事，由此可见扬州盐政之重要。根据汪中的估计，清代扬州盐商资本银达到了七八千万两之巨，而清政府一年的财政收入不过四千万两。扬州盐商成为我国封建社会晚期最大的财团，达到可以操纵全国金融的程度。“彼时盐业集中淮扬，全国金融几可操纵。”[②] 前述几位盐商代表人物，就是扬州盐商中的佼佼者。他们经营盐业发财之后，造园林、养戏班、着华服、享美食、娶妾、宿妓、赌博，追求奢侈性消费，“扬州盐务竞尚奢丽，一婚嫁丧葬，堂室饮食，衣服舆马，动辄费数十万”。[③] 扬州盐商“居住饮食服饰之盛甲天下”。[④] 晚清文史大家平步青的《霞外攟屑》中亦描写“两淮诸商，皆席富厚、乐骄逸，园亭、服食、玩好、宴会、优妓之乐，穷年不休”。[⑤] 明清扬州盐商的这种奢侈性消费专有名词谓之“扬气”，一时成为全国效仿的对象。嘉庆《上海县志》载上海城内：“慕苏、扬之余风。”[⑥]

第三，扬州盐商注重文化投资。扬州盐商努力经营盐业，为社会贡献了大量财富，并把一部分利润拿出来回报社会。他们乐与文人交往，“喜招名士以自重”。[⑦] 如江春“四方词人墨客必招致其家”，“奇才之士，座中常满，亦一时之盛”，凡士大夫过扬，问其馆于何家，不曰江春的康山草堂，即曰江昉（江春之弟）的紫玲

① 李斗：《扬州画舫录》卷6。
② 民国：《歙县志》卷1。
③ 李斗：《扬州画舫录》卷6。
④ 李澄：《淮鹾备要》卷7。
⑤ 朱正海：《盐商与扬州》，江苏古籍出版社，2001，前言第270页。
⑥ 朱正海：《盐商与扬州》，江苏古籍出版社，2001，前言第267页。
⑦ 徐珂：《清稗类钞》，《扬州鹾商好客》。

珑阁。程梦星筑筱园及漪南别业“以寓四方名士，与其乡马曰璐诸人为邗江雅集，主东南坛坫者数十年”。[①] 而“扬州为南北要冲，四方贤士大夫无不至此”，他们到扬州的目的也是“欲假鹾贾巨金，有所建树”。在盐商雄厚财力的支持下，明清扬州成为与其经济地位相匹配的文化中心，出现了学术史上著名的扬州学派，还有世人称道的扬州画派。另外，他们喜好藏书、他们对园林艺术的追求、他们创造的扬州美食、他们蓄养家庭戏班推动戏曲发展，这些都为今日扬州的发展留下了丰富的精神文化遗产。扬州城市的繁荣与扬州盐商密不可分。

三 锡商：日日金银用斗量

提起锡商，无锡流传着“安国、邹望、华麟祥，日日金银用斗量”的歌谣，这是指明朝中期无锡最著名的3位富商。

安国（1481～1534年），字民泰，别号桂坡，明成化十七年（1481年）十月二十六日生于无锡县西堠村（今无锡市锡山区安镇）。安国因经商及兼并土地而成巨富。后参与地方事务，曾资助抗倭及兴办水利事业，疏浚白茅塘，开掘山庄河，广购书籍，藏典甚。涉猎经史，好古书画彝鼎，是当时有名的鉴赏家。因酷爱桂花，植丛桂于后山岗，自题住所为“桂坡馆”，人称安国为“桂坡公”。性好游，足迹踏遍半个中国。每到一地，除绘图外，还吟诗记之，集诗题为《游吟小稿》、《安桂坡游记》。他在无锡胶山南麓所建庭院“西林”，是当时闻名全国的江南园林。全园有32个景点。明代著名文学家王世贞曾撰《西林记》记其胜。吴门画家张元春为之绘图。现残存的《西林》图存无锡市博物馆。安国为明代著名出版家。从嘉靖二年（1523年）开始，用铜活字印刷了大量书籍，在文化史上有相当的地位。所印书有《颜鲁公集》（总16

① 嘉庆：《两淮盐法志》卷46，《文艺》。

卷）、《雍录》（10 卷）、《初学集》（30 卷）、《吴中水利通志》等。书上均印有“桂坡馆”名。安国虽未应科举，亦未做官，但作为东南巨富，嘉靖皇帝仍赐户部员外郎衔。嘉靖十三年（1534 年）病卒，终年 53 岁。[①] 安国出身地主家庭，他的祖父有 400 多亩土地，到他父亲安祚时扩展到 4000 多亩土地，他和胞兄各得 2000 亩。安国一方面经营农业，另一方面兼营手工业，据说拥有良田 10 多万亩，积聚了大量财富。[②] 明朝权臣严嵩之子严世蕃曾纵论当时全国的 17 个富翁，无锡有两人：邹望和安国。安国喜欢收藏文物古玩，最著名的是石鼓文北宋拓本 10 册，分为“先锋”本、“中权”本、“后劲”本，在唐拓本失传的情况下，安国收藏的宋版拓本属最上乘的石鼓文传世拓本。安国的另一贡献是采用铜活字印书，这是自北宋毕昇采用泥活字之后印刷术的又一大进步。安国出版的书籍印刷精美、校勘精细，注重翻印善本，受到社会好评，世人珍之如宋本。清初学者钱谦益在刊行的《春秋繁露》跋语中说：“金陵本为舛，得锡山安氏活字本校改数百家，深以为快。”

锡商另一代表人物邹望的资料较少，其生卒年不详。清朝学者花村看行侍者的《花村谈往》中有邹望与尚书顾荣僖斗法的故事。尚书顾荣僖公因为“丁忧”回到无锡。一日顾尚书乘坐着官轿正在行进路上。突然，轿子后面一阵惊扰。顾尚书打开轿帘一看，一顶极为华丽的轿子飞快地奔来，在他后面跟着无数个这样的轿子。这些人也不管前面有没有人，飞快地超越了顾尚书的轿子。顾尚书往里面一看，不禁大惊失色，只见轿子里面的人全是和尚。原来是无锡首富邹望的老母亲死了，请了一百多位僧人为她超度。来来往往皆用这种轿子接送。这让顾尚书万千感慨。邹望跟顾荣僖因房子问题结下官司，没多久，邹望就被抓进了大牢。然而，令人奇怪的

① 朱家桢、孙长根：《无锡历代文化名人》，中国社会出版社，2001，第 34 页。

② 锡山区档案局网页，http://da.jsxishan.gov.cn/zgxsdaj/infodetail/?infoid=4590eccb-9249-4972-929d-a3c2e0c853eb&categoryNum=007001。

事情出现了。邹望被抓的那天下午，无锡城里城外的所有买卖人纷纷罢市要求释放邹望。知府一听连忙放了邹望，各种集市买卖铺户这才陆续营业。甚至顾家上街买东西，商人都不卖给他家。[①] 顾荣僖有一枚非常喜欢的玉质图章，日夜系在腰间，从来不曾摘下。一日，他想要给无锡当地官员写信，取出图章，居然变成了一块瓦砾，他大惊之下，不敢告诉别人。第二天早晨起来，向腰间一摸，图章赫然又在了。取出一看，外面包了一张绵纸，上面写了“邹望封”三个字。顾荣僖大骇，惊呼说，“这样弄下去，我的脑袋可能丢掉了”，于是马上与邹望讲和。另一个资料也就是上面提到的严世蕃对全国富豪的一段文字，出自王世贞的《国朝丛记》：1560年前后，权臣严嵩之子严世蕃夜宴宾客，席间突然兴致大发，评点天下富豪，他屈指细数，共列出 17 位“首等富豪”。据严世蕃的计算，他自已积累的家产超过百万两白银，其他被列入第一等富豪的最低标准是家产 50 万两白银，其中包括蜀王、黔公、贵州土司安宣慰、太监黄忠、黄锦及成公、魏公、都督陆炳，还有京师一位叫张二的锦衣卫官员，他是太监黄永的侄子。除了这些人之外，还包括三个晋商、两个徽商，以及无锡的两个商人，其中，邹望的财产将近 100 万两白银，安国则超过 50 万两白银。[②]

华麟祥（1463～1542 年），字时祯，号月海居士，晚年被人尊称为海翁。华麟祥的父亲华栋年轻时就考中秀才，但后来屡试不中，遂无意仕途。华麟祥本人精明能干，慧眼独具。他不愿意参加科举考试，而是潜心经营田地和商贸。在经商期间，他采用多元相济、综合经营的办法，不失时机地“候时转物”，顺应市场变化，加快资本周转，很快就富甲一方。他在运河边筑有码头，以便货物银两上下搬运。无锡今有地名大码头弄，就是华麟祥当年修筑的码头所在

---

① 《铁血历史论坛〈中国历史〉官商斗：顾尚书与邹百万的冲突——邹望携钱鏖战官员》，http：//bbs. tiexue. net/post2_ 5781320_ 1. html。

② 吴晓波：《浩荡两千年》，http：//www. hqread. com/Html/24776/87660. htm。

地。华麟祥“富有其名，商有其德”，他既富有，也乐善好施。1508年，无锡大旱，两年后又遭涝灾，颗粒无收，饿殍遍地。华麟祥主动开仓赈灾，方圆数十里的灾民都受其惠。华麟祥乐与文人交游，他与著名文学家邵宝相从甚密。晚年他还将自己所藏古书亲自校勘，付梓刊行。他注重对子辈的教育，其子华云师从邵宝、王守仁，1541年考中进士，先后任户部主事、刑部侍郎。1542年，华麟祥去世后，江南才子文徵明为其写了墓志铭“有明华都事碑铭”。①

从上述三位无锡富商的基本情况来看，他们还是以经营土地为主，兼营工商业，估计主要是通过拥有大量土地而经营米粮业。明万历时人王士性的《广志绎》中有关于“天下马头”的论述，诸如无锡之米，扬州之盐，苏杭之丝绸，临清、济宁之货，徐州之车舆，京师城隍、灯市口之古董，福建建阳之书籍，景德镇之瓷器，温州之漆器，广东香山之番舶等。② 因此，无锡的米粮业，应在明朝中后期开始形成，到清朝雍正、乾隆年间已经相当发达，“惟吾米豆一业甲于省会，国朝雍乾间为尤盛。其所由盛者，北来则禁海为关，南去有浒墅之限，皖豫米商纷纷麕来，浙东籴贩，麕不联樯，此米豆一业，吾邑所以为大宗也”。③ 清咸丰前，无锡的粮行已达40家。米粮业的发展，促进了堆栈业的发展。雍正年间，无锡已有堆栈20多家，到乾隆、嘉庆年间，有的堆栈发展到能堆储数十万石粮食。到清末光绪年间，无锡粮行有143家，每年流入无锡市场的粮食达700万～800万石，各堆栈保持的粮食存储量常达150万～250万石。无锡与芜湖、九江、长沙已成为闻名中外的四大米市。④ 经营米粮业的无锡商人当不在少数。

---

① 锡山区档案局网页，http：//da. jsxishan. gov. cn/zgxsdaj/infodetail/? infoid = 70f4601b - 6d80 - 47ea - 8882 - ee37fdb00fef&categoryNum = 007001。

② 王士性：《广志绎》卷1，《方舆崖略》，中华书局，1981，第5页。

③ 无锡市粮食局：《无锡市粮食商业的发生发展和改造》。

④ 唐文起：《近代无锡经济中心的形成和发展》，茅家琦、李祖法主编《无锡近代经济发展史论》，企业管理出版社，1988，第2～3页。

无锡还有“布码头”之称。一般认为，明代中后期，无锡棉布品种已较多，有二梭、三梭、斜纹等。棉布为“吾邑生产之一大宗”、“邑布轻细不如松江而坚致耐久则过之，故通行最广”。无锡所产棉布由“坐贾收之，捆载而贸于淮、扬、高、宝等处”。这些“坐贾之开花、布行者，不数年即可致富”[①]。可见，棉布业造就了一个商人群体。到清乾隆时，无锡棉布生产区有安镇、东亭、玉祁、礼社、洛社、东湖塘、斗山、严家桥、羊尖等乡镇。其中，安镇所出之布特别有名，“吾邑布市之价，四乡来城者，均以安镇之布为定价，谓之‘安放’”。[②] 时人记载当时棉布之盛：“吾邑不种草棉，而棉布之利，独盛于吾邑”，“东北、怀仁、宝仁、胶山、上福等乡地瘠民贫，不分男女，舍织布纺花，别无他务”，“一岁所交易不下数十百万，尝有徽人言，汉口为船码头、镇江为银码头、无锡为布码头”。[③]

由于资料原因，明清时期无锡商人群体的具体情况现在所知甚少。钱泳《履园丛话》卷23《换棉花》篇中记载其族人钱琨，在无锡北门外以数百金开棉花庄，换布以为生理。这是清代有姓名的花布商，类似钱琨者当不在少数。[④] 如无锡东门外的恒生布行，店主唐懋勋，先以棉花放给农村织户，再收回布。他的布远销安徽、江西等地。北门外的茂记布行也经营放布业务，在江阴、常熟等地开设分庄，经营之布有“重布”“小布”、染蓝布、印花被面等，远销苏北、安徽等地。安镇的张信盛布店专营“安放”，在四乡分设庄口36处，年经营布200万匹，获利白银5万两。[⑤] 乾隆二十二

① 黄卬：《锡金识小录》卷1。

② 张泳泉、章振华：《无锡的土布业》，茅家琦、李祖法主编《无锡近代经济发展史论》，企业管理出版社，1988，第250页。

③ 黄卬：《锡金识小录》卷1，《备参》（上）。

④ 张泳泉、章振华：《无锡的土布业》，茅家琦、李祖法主编《无锡近代经济发展史论》，企业管理出版社，1988，第250页。

⑤ 孙宅巍、蒋顺兴、王卫星：《江苏近代民族工业史》，南京师范大学出版社，1999，第33页。

年（1757年），无锡面粉商人邀约同业购房建立面业公所，说明其时无锡面业商人已很活跃。乾隆二十七年（1762年），经营猪肉业的无锡商人在苏州公建了毗陵会所，人数达23人，后来曾一度发展到30余人。近代无锡纺织业、面粉业的发达，是有着坚实的历史基础的。[①] 这个面业公所是一个叫许大坤的无锡商人花费740两白银购地建造的。[②]

四　明清时期苏商的文化事业

上述洞庭商、扬州盐商、锡商的出现表明明清时期苏商在全国经济生活中占有重要地位，他们是苏商的代表群体。此外，镇江被称为银码头，说明钱庄业比较发达，从事金融业的商人多；苏北通州贩运棉花的商人多；句容“因地窄人稠，于勤农之外，商贾工艺尤众”，出现了擅长开设店肆的句容商人。介绍坐商知识的《生意世事初阶》一书就是句容人王秉元编集的。[③] 这说明，明清时期江苏各地都有“术有专攻”的商人。这些历史传统都或多或少影响着近现代苏商的发展，也一定程度上注定了他们的经营领域。毋庸置疑，近代苏商的发展与江苏区域文化在明清时期就已经形成的工商传统有着历史继承关系。而明清时期的苏商也通过各种方式参与地方文化建设，他们与文人交游，刊印书籍，收藏文物古籍，让子辈参加科举考试，蓄养戏班，营造园林，设计服食，铺桥修路，参与慈善赈济等社会事业，使地方文化深深烙上商人的痕迹，在潜移默化中影响着一代又一代江苏人。

① 范金民：《明清江南商业的发展》，南京大学出版社，1998，第238页。

② 范金民、罗晓翔：《非求生于近邑，必谋食于他乡——明清时期的无锡商帮》，《中国社会经济史研究》2009年第3期。

③ 范金民：《明清江南商业的发展》，南京大学出版社，1998，第232页。

第三章　区域文化与近代苏商的发展

一　上海开埠与传统苏商的近代转型

1. 上海开埠

上海地处长江入海处，是我国南北海岸线的中点。在古代社会，上海很长一段时期处于长三角地区的边缘地位。唐天宝十年（751 年），在上海地区析置华亭县，上海地区才有了自己相对独立的行政名称，这有利于上海的开发。元志元十四年（1277 年）升华亭县为华亭府，第二年改为松江府，辖华亭一县，上海的行政地位进一步提升。明清时期，“松江布”最为著名，“富商巨贾，操重资而来市者，白银动以数万计，多或数十万两，少亦以万计”。[①] 仅上海县城乡 30 万人口中，从事棉纺织者竟有 20 万人之多，年产棉布可达 570 万匹。[②] 到清嘉庆年间，松江布每年运销量达 2500 万至 3000 万匹。[③] 上海港在开海禁之前，处于以运河为主的运输体系的末端，无足轻重。后来，随着清政府收复台湾，康熙二十四年（1685 年）开海禁，设江海关，统辖长江南北 600 余里海岸线内的 18 处海口，上海的商业日趋繁盛。乾隆时，“凡远近货迁皆由吴淞

---

① 叶梦珠：《阅世篇》卷 7，《食货》。

② 朱国栋、王国章主编《上海商业史》，上海财经大学出版社，1999，第 70 页。

③ 许涤新、吴承明：《中国资本主义的萌芽》，人民出版社，1985，第 95 页。

口进泊黄浦，城东门外舳舻相接，帆墙比栉”。[①] 至嘉庆时，上海港开始确立枢纽港的地位，“闽、广、辽、沈之货，鳞萃羽集，远及西洋暹罗之舟，岁亦间至，地大物博，号称繁剧”。[②] “城东船舶如蚁，舳舻尾接，帆樯如栉，似都会焉”。[③] 道光四年（1824 年），因运河堵塞，清政府设“海运总局”于上海，开始雇佣沙船承运漕粮。由于海运漕粮和沙船运输业空前发展，从而更进一步促进了上海海运贸易的繁盛和上海港的空前繁荣。鸦片战争前，上海已是长江三角洲的传统贸易大港和漕粮运输中心，有“江海之通津，东南之都会”的美称。当时上海港的重要航线有五条：一是北洋航线。沿海岸线向北，一路可达青岛、烟台、天津与牛庄等地。二是南洋航线。沿海岸线向南，可达浙江、福建、广东和南洋群岛。三是长江航线。沿长江西行，联系长江流域及北方广大地区。四是运河、太湖等内河航线。这些水道将江苏、浙江、安徽、山东、河北等地紧密地联系在一起。五是外洋航线。可达世界上许多重要国家和地区。经营着国内外诸多大宗商品：一是来自东北和华北的大豆、豆饼与杂粮，供应上海地区及长江三角洲其他地区；二是上海的棉花与土布，运销北方与长江三角洲地区；三是米谷交易；四是糖霜与南洋航线的百货交易；五是其他土产交易。[④]

上海的繁华早就引起西方侵略者的注意。19 世纪 30 年代，英国传教士麦都思认为上海是“中国东部海岸最大的商业中心，紧邻着富庶的苏、杭地区，由此运入大量丝绸锦缎，同时向这些地区销售各种西方货物”。英国人福钧说：“就我所熟悉的地方而论，没有别的市镇有像上海所有的那样有利条件。上海是中华帝国的大门……世界上没有什么地方比得上它……不容置疑，在几年内，

① 乾隆：《上海县志》序。

② 嘉庆：《上海县志》序。

③ 嘉庆：《上海县志》卷 2，《水利》。

④ 陈剑锋：《长江三角洲区域经济发展史研究》，中国社会科学出版社，2008，第 251 页。

它非但将与广州相匹敌，而且将成为一个具有更加重要地位的城市。"[①] 1842 年中英《南京条约》签订，上海成为中国被英国用枪炮打开最早的五个通商口岸之一。1843 年 11 月 17 日，英国首任驻沪领事巴尔富（G. Balfour）和上海道台宫慕久宣布上海正式开埠，允许英商租地居留。1845 年，巴尔富与宫慕久商定《上海土地章程》，将杨泾浜以北、李家厂以南之地，租与英国商人，准其居留及建筑，面积约 830 亩，此为上海英租界之始。1848 年，英租界扩充至 2820 亩。1848 年，美国在上海设立租界，1849 年，法国亦在上海设立租界。三者合计面积 4000 亩。租界名义上属于中国管辖，实际上受外国领事控制着，逐渐成为"国中之国"。1853 年，上海爆发小刀会起义，上海县城和郊区的士绅大量涌入租界。1860 年太平军攻克苏州、杭州等地，江浙大量人口又一次涌进上海租界。至 1862 年，租界人口已达 50 万之多。而上海租界面积也一再扩大。英美组成联合租界，后来称为"上海国际公共租界"，并成立了"工部局"（Municipal Council）管理机构。法租界单独成立"公董局"（Conseil Municipal）进行管理。英、美、法三国租界总面积达到 48653 亩，方圆 10 公里，租界内人口众多，商业繁荣，成为众多冒险家的乐园，有"十里洋场"之称。

上海开埠后最大的变化是在上海出现了新的生产方式——资本主义的生产方式。

1843 年，广州的怡和、宝顺、仁记、义记等洋行即随巴尔富迁来上海。到 1854 年，外国在沪洋行达到 120 家。同年，英、美、法三国领事趁上海小刀会起义事件和上海道台吴健彰签订"海关征税税则"，控制了上海海关的关税行政大权。外国商品开始长驱直入，各国洋行大肆进行掠夺性贸易，上海取代广州成为外国资本主义在中国倾销商品、掠夺原料的主要口岸。

为了服务各洋行进出口贸易的需要，外国银行相继在上海建立

① 熊月之：《上海通史》第 2 卷，上海人民出版社，1999，第 359 页。

分行，1847年英商丽如银行首先在沪设立分支机构，以后英、法、德、俄、日、美、比、荷、意等9国先后开设过有利、麦加利、汇丰、花旗、东方汇理、横滨正金等68家银行。

甲午战争之前，西方各国没有取得在中国通商口岸开设工厂的特权。但是，一批“冒险家”为了适应贸易扩张的需要，开始经营船舶修造和运输业务。1850年到1859年，外国资本在华新设的船厂共有18家，而上海就有12家。[①] 第二次鸦片战争后，西方列强攫取了中国的内河航运权。于是，1862年美商在上海设立旗昌轮船公司，英商设太古洋行经营轮船运输业务，不久日本、德国也相继而来，中国轮船航运业基本上被外国控制。1863年，上海进口的外国船只达到3400艘，总吨数达964309吨，货值为61704099银两。与战前相比，1863年进口船只增加了595.3%，总吨数增加了519.8%，货物总值则增加了840.4%。[②] 这使上海外资船厂进入新的发展时期。由英国商人创办的祥生船厂和美国商人创办的耶松船厂在当时规模最大，开办资本达10万两白银。到1894年甲午战争之前，祥生船厂和耶松船厂各雇用工人约2200人，资本分别达到80万两和75万两白银，[③] 在上海船舶修造行业确立了垄断地位。

继金融、轮船修造和轮船运输业以后，缫丝、印刷、造纸、皮革、化工、制药、饮食、水、电、煤气和各贸易公司等企业也陆续开办起来。如1861年英国最大的丝出口商怡和洋行建立的缫丝厂（取名纺丝局）；1878年美国在华最大的丝出口商旗昌洋行创办的机器缫丝厂——旗昌丝厂；1881年英国资本开始筹建的上海自来水公司。据统计，甲午战争前外国资本在中国经营的近代工业大约有103家，其中设在上海的就有63家。[④] 外资在上海开办的这些

① 徐新吾、黄汉民：《上海近代工业史》，上海社会科学院出版社，1998，第9页。
② 黄苇：《上海开埠初期对外贸易研究》，上海人民出版社，1979，第60页。
③ 徐新吾、黄汉民：《上海近代工业史》，上海社会科学院出版社，1998，第13页。
④ 根据《中日甲午战争前外国资本在中国经营的近代工业简表（1840～1894年）》统计而得，参见孙毓棠《抗戈集》，中华书局，1981，第125～133页。

企业虽然没有条约依据，不合法，但清朝也无可奈何。

在外国资本主义经营的冲击下，上海开始产生私人资本主义。在外国洋行资本主义经营的冲击下，一些同外贸密切相关的行业如洋布业、百货业、五金业、西药业等经销进口货的商业企业开始转化为资本主义商业。1850 年前后，上海大东门外开设了当时第一家专卖洋布的商店——同春洋货号，经理郑锦云。1851 年，义泰洋布店开设，其后又有协丰、恒兴、大丰、增泰等洋布店开设。到 1858 年，上海有洋布店 15 家。① 上海五金业也是一个经销洋货的新式商业行业。1862 年，叶澄衷开设了上海第一家五金商店——顺记五金洋什货号。此外，经销洋货发展起来的新式商业行业，还有西药业、颜料业、呢绒业等。而国内经营丝茶出口的旧式行商因与洋行的收购活动发生直接联系，性质也逐渐转化。如琼记等洋行为了保证获得茶货供应，每每贷款给上海的中国茶商，让他们到茶区为洋行购茶，这样洋行就能获得价格较低廉的茶。上海商人顾丰盛在琼记洋行生意难做时帮助其推销价值数万元的斜纹布，并供给其茶货。这些旧式行商因为纳入外国资本运行的轨道，所以发展特别迅速，其运营机制和经营方式也就逐渐发展为资本主义的生产方式，变为新的商业企业。这种商业作为外国在华商业资本的补充，从属于外国产业资本的需要，分润外国产业资本的余利。其次是 19 世纪 60 年代，上海近代私人资本工业开始出现，创办最早的是发昌机器厂，开设于 1863 年前，是由广东铁匠方举赞与人合资 200 元设立的。② 同年设立的还有洪盛机器碾米厂。③ 19 世纪 80 年代开始，上海的近代私人资本工业逐渐增多，1880 ~ 1894 年，外

① 中国社会科学院经济研究所：《上海市棉布商业》，中华书局，1979，第 9 ~ 10 页。

② 徐新吾、黄汉民：《上海近代工业史》，上海社会科学院出版社，1998，第 45 页。

③ 中共上海市委统战部、中共上海市委党史研究室、上海市档案馆：《中国资本主义工商业的社会主义改造·上海卷》（上），中共党史出版社，1993，第 4 页。

资在上海新设的工厂约 30 家，而上海私人资本新设工厂却多达 45 家。上海私人投资创办近代工业的风气已经逐渐形成。而且，这一时期上海新设工厂数超过了同期全国民族资本新设工厂数的一半，表明上海私人资本工业从产生时期起就已经显露出它在全国民族工业中的重要地位。

与资本主义生产方式相对应的是上海的城市管理日益现代化。工部局和公董局把西方行之有效的现代城市管理蓝本移植到上海租界，他们设立警务局、火政处、工务局、卫生处、教育处等机构，进行公共基础设施建设。1862 年，大英自来火房筹设，1865 年开始供应煤气。之后，自来水、电灯、电话相继在上海出现。现代学校、医院、公交、道路、桥梁、治安等有专门机构负责。上海的服务业亦大发展，报馆、戏馆、酒馆、茶馆、烟馆、娼馆等比比皆是。

上海的文化也在资本主义工商业迅速发展的同时发生变化，“上海番舶所聚，洋货充斥，民易炫惑。洋货始贵而后贱。市商易于财利，喜为贩运，大而服食器用，小而戏耍玩物，渐推渐广，莫之能遏”。“时势之变迁日亟……水路形胜。政教风俗以及工商百货等等，屡变不宜”。开埠后的上海迅速奠定了东南沿海中心城市的地位，并不断吸收西方先进的科学文化，开放性和兼容性不断增强，其强大的经济、社会、文化影响开始显现。[①] 江苏特别是苏南地邻上海，很快感受到上海的这股文化与明清以来的工商传统有着契合之处，江苏开始接触资本主义并与国际市场发生联系。如苏州，“通商以来，丝、茶为出口大宗，人人皆知其利，长洲县所辖之西北境凡与无锡、金匮接壤者，遍地植桑治蚕”。[②] 再如南通，“棉花为通属出产一大宗，大布之名尤驰四远，自昔商旅联樯，南北奔凑，岁售银百数十万。咸同以来增开五口互市通利，西人又购

① 王国平、周新国：《江苏经济发展与现代化历史进程研究》，苏州大学出版社，2008，第 29 页。

② 民国：《吴县志》卷 52。

我华棉，与美棉、印棉掺用，出布甚佳。而吾通之花市日益盛，岁会棉值增至数百万”。[①]

在上海的辐射下，苏商开始向近代转型。

2. 洞庭商帮的近代转型

洞庭商人地近上海，但他们长期沿运河和长江流域经商。1843年上海开埠后，一方面，洋行林立，洋货充斥，吸引着对经商敏感的洞庭商人。另一方面，随着太平军进入江苏并横扫苏南，苏南一代的富商巨贾被迫流入上海，洞庭商人开始向上海发展。“初我山人素善贾，精华萃江皖淮徐间。前清咸丰朝，发匪蹂躏东南，商业荡然，征贵贱者，群趋沪江。迨苏城陷，东山继之……山人避地来沪者众。”[②] 还有交通环境也影响着洞庭商人的商业决策，如传统商路运河沿线，“黄河改道，运河阻断，沿线商业衰落，大批东山商人纷纷把资金和人员转向上海”。[③] 而随着清末沪宁铁路筑成，汽车通车，交通便利，洞庭商人更辐辏于上海。民国初年，洞庭商帮在上海者“无虑千万人”。[④]

洞庭商人进入上海经营洋货致富的楷模首推万梅峰。万梅峰为洞庭东山前山漾桥村人，家境清寒，为某巨商为记室。随来上海经商，经营纱布业。[⑤] 后在某洋货号当伙计时，收进许多白呢，据说开始被责备，险被辞退。但到咸丰十一年（1861 年）七月，咸丰皇帝病死热河，全国举丧，官员们需要用白呢做丧服，白呢价格迅速上涨。万梅峰时来运转，洋货号以重金奖赏。万梅峰后来利用这笔资金自立门户，在上海河南路济阳里自行设立了恒行洋货号。[⑥]

① 戴鞍钢：《港口・城市・腹地——上海与长江流域经济关系的历史考察 1843～1913》，复旦大学出版社，1998，第 147 页。

② 严国芬：《洞庭东山会馆记》，《洞庭东山旅沪同乡会卅周年纪念特刊》，第 204 页。

③ 薛利华：《从“钻天洞庭”话东山帮商人》，《吴县文史资料》第 9 辑，第 202 页。

④ 彭泽益：《中国工商行会史料集》下册，中华书局，1995，第 892 页。

⑤ 马学强：《一个传统商帮的近代变迁——苏州洞庭帮在上海》，《史林》1996 年第 3 期。

⑥ 孙建国：《掘金上海滩：洞庭东山商帮发迹路径》，《档案与史学》2004 年第 2 期。

万梅峰经营洋货致富后，开始进军金融领域，1892 年，他与人合资创办宏大钱庄。后来，1904 年到 1923 年，万家先后与人合资或独资创立了久源、森康、德庆、志庆、庆成、庆祥、庆大七家钱庄，仅庆成存款即达 300 万～400 万银两。[①] 万家成为洞庭人在上海及苏南地区较有影响的家族。万梅峰之子万振声说："万家以金融综绾百业，分设钱庄数家于沪苏，以信用卓著，至今沪上金融界中，我乡人才荟萃，溯其一脉源流，出先生门檣者比比皆是"。[②] 万梅峰的发迹体现了洞庭人的商业传统，先跟随某个商人学习、当伙计，然后自己开店当老板。但万梅峰又有进步，他不是在传统商业领域，而是经营洋货（纱布业）起家，与外国资本主义商品发生联系，进入其流通领域，分享其中的流通利润。之后经营钱庄，进军金融业，适应上海国际化大都市的需求，成为近代商人。而纱布、丝绸等纺织品和钱业正是洞庭商人在上海发家的主要行业。另一个经营纱布业的洞庭商人是金锡之。金锡之（1881～1960 年），名基应，东山施巷村人。幼年读私塾于家乡。少年时由同乡席微三带往上海浦东川沙县典当为学徒，后任上海日商取引所（交易所）理事长。自立门户，设公茂纱号，经营棉花、棉纱、棉布和美孚石油。曾一度被推举为上海纱业公会会长，其经营发迹时，家财号称"百万"。1921 年，在其老宅建造春在楼，又名雕花大楼，至 1925 年竣工，造价 17 万银元（当年黄金价每两 49.5 元，折算黄金 3741 两）。其工程之大，被誉为"江南第一楼"。其他还有经营生丝、丝绸生意的洞庭商人。席春元在上海开设席华丰丝栈。朱月树开设了信泰、恒盛丝栈。沈吉成开设天成绸缎局。朱鉴塘开设久成府绸庄，专门经营鲁绸并销往国外，年销六七百万金，为上海出口业公会会长。席守愚经营大纶绸缎局，后被推选为上海绸缎业绪纶公所会长。

---

① 《上海钱庄史料》，上海人民出版社，1978，第 746 页。

② 《洞庭东山旅沪同乡会卅周年纪念特刊》，《先哲小传》。

许多洞庭人到上海后都有在钱庄工作的经历，经营钱庄是洞庭商人向近代转型时的重要行业。东山施禄升，“洪杨事起，奉太夫人沈避难青邑，乱平，至海上习钱业。年二十七主钱庄”。他如张知笙、刘恂如、万建生、王宪臣、刘鸿源、周吉生等都在钱庄做过生意。席元乐避太平天国而全家迁居上海，他的儿子席素煊、席素贵也进过钱庄。[①] 经营钱业的还有洞庭严家。明末严家兄弟二人就以白墙门和花墙门著称。白墙门以养鱼起家，花墙门则走仕途，曾任刑部尚书。花墙门七传到严怀谨，迁居苏州木渎，其第二子严兰卿在苏州、常熟、木渎开设德和、正德等钱庄，在上海开设镇昌、德森、裕祥、久源、德庆、庆昌等钱庄。[②] 而严兰卿又是上海敦裕洋行的买办，其开设钱庄自有通过为资本主义工商业提供金融服务而赚钱的便利。因为上海成为通商口岸后，大量洋货倾销，但洋行不敢将货物直接交给中国商人，怕到时收不到货款。于是由买办与钱庄联系，由钱庄出具为期 5 天到 20 天的庄票，到期由钱庄承付，钱庄可从中获利，买办也从中收取佣金。如到时货物未销掉，便由钱庄垫付货款，如钱庄资金不足，可通过买办向外商银行“拆票”解决。[③] 钱庄不仅与资本主义商品发生关系，还与现代金融企业银行产生联系，其经营方式自与传统钱庄不可同日而语。万家、严家在上海开办钱庄既便利又有利可图，就一家钱庄接着一家钱庄开了。洞庭商帮在外商银行充当买办最著名是席家，席家亦开设好几家钱庄：惠丰、协升、正大、慎益、鼎元、荣康等。其他由洞庭商帮开设的还有：聚兴、瑞康、崇德、仁大、源吉、鼎康、瑞泰、志丰、大德益记、永聚、志裕、裕成、福泰、慎益余记、泰昌、宝大裕、恒大、恒赉、同新、惠昌、信康、嘉昶、泰山、同昌、长盛、衡宝、吉昌、天成、众信、勤泰、哥大等。据统计，洞庭帮在近代

① 马学强：《一个传统商帮的近代变迁——苏州洞庭帮在上海》，《史林》1996 年第 3 期。

② 《上海钱庄史料》，上海人民出版社，1978，第 741 页。

③ 郭绪印：《老上海的同乡团体》，文汇出版社，2003，第 300 页。

上海至少开设或投资了 65 家钱庄。[①] 洞庭商人投资的钱庄，在上海金融界势力很大，上海有句俗语：徽帮人最狠，见了山上帮，还得忍一忍。有一则材料可以佐证洞庭商人的势力："辛亥革命前后，华商银行还不多，华洋贸易完全通过外商银行与钱庄作媒介。那时汇丰银行好像中央银行，势力很大；而外商银行买办以苏州洞庭山人居多，如汇丰席立功、麦加利王宪臣、道胜席锡藩、正金叶明斋等，他们与钱庄如正大、协升、镇昌、久源等有直接间接的投资关系。那时洞庭山帮钱庄，因和外商银行买办是同乡关系，势力不小。"[②]

洞庭商人近代转型最明显的标志是担任外国洋行和银行的买办。买办亦称"康白度"（Comprador），是殖民地半殖民地国家中，替外国资本家在本国市场上服务的中间人和经理人。原指欧洲人在印度雇用的当地管家。在中国，指外国资本家在旧中国设立的商行、公司、银行等所雇用的中国经理。"买办"一词，明代专指对宫廷供应用品的商人；清初专指为居住广东商馆（十三行）为外商服务的中国公行的采买人或管事人。鸦片战争后，废止公行制度，外商乃选当地中国商人代理买卖，沿称买办。其性质既是外商的雇员，也是独立商人。嗣后，外商为了减少买办的中间佣金，逐渐采取与中国人直接交易的方法，买办遂转化为单纯的外商雇员，称"华经理"或"中国经理"。买办职能有四：第一，是外国洋行或银行的管理人；第二，代理行东做生意；第三，为钱庄和中国商人的信用担保。这是买办的主要职能。其信用未被买办认可的中国商人，不能同洋行做生意，未被买办认可的钱庄庄票，洋行拒绝接受；第四，为洋行提供市场知识和信息等。[③] 据资料，洞庭人最早当买办的是沈二园，他是

① 郭绪印：《老上海的同乡团体》，文汇出版社，2003，第 301 页。

② 《上海钱庄史料》，上海人民出版社，1978，第 37 页。

③ 丁日初：《上海近代经济史》第 1 卷，上海人民出版社，1994，第 87 页。

上海新沙逊洋行聘任的第一任买办。时间约在 19 世纪 60～70 年代。[①] 沙逊洋行是英籍犹太人沙逊家族在亚洲设立的企业机构。创始人大卫·沙逊（David Sassoon）1792 年生于巴格达，1832 年，大卫·沙逊在孟买成立了沙逊洋行（Sassoon&Co. ltd），主要业务是将英国的纺织品和印度的鸦片销往中国。第二年，英国议会通过了废止东印度公司对华贸易专利权的法案，清朝政府的禁烟政策使沙逊洋行损失惨重，不过随着两次鸦片战争的打响，鸦片贸易逐步获得了合法的地位，沙逊洋行迅速扭转了局面，据统计，到 20 世纪初世界范围内的禁烟运动之前，沙逊洋行仅鸦片利润一项，就从中国获得了 1 亿 3 千万两白银。1844 年、1845 年，香港和上海的沙逊分支机构相继成立，上海逐渐发展成沙逊在华的业务中心。据估计，沙逊家族在 1854 年时已经拥有百万财富，成为英属印度的首富。除棉纺织和鸦片贸易外，大卫·沙逊还于 1864 年连同其他富商、洋行设立了著名的汇丰银行。大卫·沙逊把对中国市场的开拓交给了他的两个儿子：长子伊利亚斯·大卫·沙逊（Elias David Sassoon）和次子阿尔伯特·沙逊（Albert Sassoon）。1864 年，大卫·沙逊在印度去世，他的两个儿子继承了他的事业。在如何发展家业的问题上，两个儿子产生了分歧，阿尔伯特认为应当将重点转移到工商业上，减少以至放弃鸦片贸易，而伊利亚斯的观点正好与弟弟相反。1872 年，伊利亚斯另立门户，独资开办了另一家沙逊洋行（E. D. Sassoon&Co），伊利亚斯在行名后缩写了自己的名字首字母 E. D，以示区别，这就是俗称的新沙逊洋行。新沙逊洋行将鸦片贸易放在首位，直接派人到印度罂粟种植地，用低价购买原料，降低了自己的成本；同时在远东各地设立分支机构，以孟买、香港、上海为三个中心，利用电报技术掌握市场行情；使用以煤为动力的

---

① 郭绪印认为沈二园是 1860 年前后当新沙逊洋行的买办，见《老上海的同乡团体》，文汇出版社，2003，第 297 页。马学强认为要到 1872 年，见《江南席家》，商务印书馆，2007，第 71 页。

新式轮船进行运输，远比其他洋行使用的飞剪船要先进。这些措施的运用，使新沙逊洋行控制了印度鸦片产量的70%，并逐渐取代了怡和洋行，垄断了鸦片经营。新沙逊每年运进上海售卖的鸦片平均有5000箱，价值300多万银两，利润高达100万银两。[①] 沈二园在上海开埠后不久即到上海经商，他交游广泛，处世老道，当上新沙逊洋行买办后，在上海商界更是呼风唤雨。可惜的是，夫妇二人没有生育子女，因此，沈二园想把自己的亲外甥席素恒过继到沈家来。席家是洞庭东山大族，前已论及席左源、席右源、席本桢等著名商人。1843年，也就是上海开埠那年，沈二园到上海闯荡商场，沈二园的妹妹嫁给了洞庭东山席家湖翁巷村的席元乐。席元乐在道光年间经营典肆于昆山，常年奔波在外，家中由母亲与妻子金氏操劳，1833年生长子席素煊（嘏卿），1840年生次子席素贵（正甫）。可惜的是，1842年金氏去世。这才有1843年沈二园妹妹嫁给席家，沈氏亦为席元乐生二子：席素荣（缙华）、席素恒（缙延）。席元乐1850年去世。但席家、沈家联姻，对席家进入上海大有帮助。席家兄弟多，又很早失去父亲，因此，进入上海后，席家兄弟四人都得到沈二园的鼎力相助。席素恒也在12岁时，出嗣给舅父沈二园，改名世元，号吉成。沈吉成后继任为沙逊洋行买办，因在席家排行老四，人称"沙逊阿四"。[②] 吉成故世后，又由其子沈子华继任沙逊洋行买办。席嘏卿进入上海后，先干钱庄业务，后当买办。他1858年进了英商汇理银行，1859年入老沙逊洋行，1860年又去英商麦加利银行。席正甫也是先干钱庄业务，后来进入汇丰银行当买办。"（席正甫）当其初抵沪滨之际，遂与其兄昆仲同时谋事于商界，未几创办中国钱庄，自行执事，善于经营，日有进步，继由西商敬服、慕名延聘，充当汇丰银行买办之职。"[③]

① 《探寻中国近代建筑之35——沙逊洋行》，http://blog.sina.com.cn/s/blog_633136db0100i6ao.html。

② 马学强：《江南席家》，商务印书馆，2007，第88页。

③ 马学强：《江南席家》，商务印书馆，2007，第74页。

席正甫的儿子席立功1905年继任汇丰银行买办，1922年，席立功之子席鹿笙再任汇丰银行买办，祖孙三代世袭汇丰银行买办。席元乐第三子席素荣也先后在有利银行、华俄道胜银行当买办。据统计，从席元乐的儿子开始，祖孙三代有11人在外国银行当买办，形成“买办世家”。如果加上亲戚，东山席氏“几乎囊括了上海所有著名的外商银行买办……共有23人担任过13家外商银行买办，其中英商6家，美商和日商各2家，帝俄、法、意商各1家……他们成了上海金融界和商界举足轻重的人物。”[①] 从1874年到1949年的75年中，外商在上海先后开设了大小银行68家，但影响最大的是6家，即“六国银行”，包括英国的汇丰、德国的德华、日本的横滨正金、法国的东方汇理、俄国的华俄道胜、美国的花旗银行，这六国银行的买办主要是席氏家族及其亲戚。特别是汇丰银行，影响很大，“外国银行在吾国最占势力者，厥为汇丰银行”[②]，席氏祖孙三代世袭汇丰银行买办64年之久。晚清的几笔政治借款都是通过席正甫经办，由此他与李鸿章、左宗棠、沈葆桢等能臣关系甚密。席家在金融界的地位从晚清一直延续到民国时期，他们不仅在外国银行当买办，就是国内银行创办时也有他们的身影。席正甫帮助盛宣怀创办了中国通商银行以及户部银行。席正甫之子席裕光曾任户部银行上海分行副经理。席正甫的长子席立功参与筹建江苏银行并任董事。席正甫的孙子席德懋担任过国民政府中央银行的业务局长和中国银行总经理，是宋子文在金融界的主要干将。另一孙子席德柄担任过中央造币厂厂长。席嘏卿的孙子席颂平也在中国银行任职，主要负责外汇汇兑工作。有这样一则材料形容席颂平在外汇经营中的高超水平：“宋子文出了席颂平的办公室，去查了逐年逐月的外汇进出账，发现几乎每月都是赚的，每年均有相当可观的盈余。此后，宋子文就对中国

① 席德基：《东山席家与上海金融业》，《吴县文史资料》第9辑，第194页。

② 上海《银行周报》1927年4月第11卷第12号。

银行的外汇职工说，你们就听席颂平的，外汇进出听他的，谁也不要插嘴，包括行长副行长。”[①] 其实席颂平年轻时就在外商银行麦加利银行和华俄道胜银行当过买办，因此，对外汇汇兑工作得心应手，东山人对他评价很高：“任职中国银行为汇兑经理，战前主持外汇，独当一面，在上午匆匆数小时间，凭一电话，周旋于外商各银行间，或售或进，以余补缺，有得心应手之妙，国际贸易之隽才也。”[②] 席家子弟还与人合作自办银行，包括惠丰商业储蓄银行、上海纱业银行和中国商业银行。再加上席家在钱业中的地位，席家在近代金融业中的地位与影响非同一般。与席家有姻亲关系的也担任外商银行买办。如沈二园之妻为安徽绩溪胡氏，沈的内侄胡笛栏先后在汇丰银行工作50多年。沈的另一内侄胡寄梅先后在有利银行、华俄道胜银行担任买办。胡寄梅的长子胡筠籁为日商三菱银行买办、次子胡筠秋为华比银行买办、四子胡筠庄任德华银行买办。[③]

除席家外，洞庭商人担任买办的还有严彭龄任公平洋行买办，孔金声任礼和洋行买办并传位其子孔文焕，朱蔼堂先后任开利、百司、基大、礼和、永兴等洋行买办，严俊叔任过礼和、老公茂、谦和等洋行买办。[④] 当然，以席正甫三代相传的汇丰银行买办和以沈氏为主的新沙逊洋行买办是洞庭商帮的两个主要支柱。[⑤] 洞庭商人纷纷担任买办，主要是买办的薪金和佣金十分可观。新沙逊洋行每年的佣金收入就达11万两之多。沈吉成当新沙逊洋行买办多年，去世时遗产达500多万两白银。[⑥]

此外，创办近代化工厂是洞庭商人完成近代转型的主要特征。

---

① 马学强：《江南席家》，商务印书馆，2007，第103页。

② 《洞庭东山旅沪同乡会卅周年纪念特刊》，《时人小志》。

③ 唐文起、马俊亚、汤可可：《江苏近代企业和企业家研究》，黑龙江人民出版社，2003，第55页。

④ 郭绪印：《老上海的同乡团体》，文汇出版社，2003，第298页。

⑤ 张仲礼：《沙逊集团在旧中国》，人民出版社，1985，第139页。

⑥ 郭绪印：《老上海的同乡团体》，文汇出版社，2003，第300页。

洞庭商人的资金主要集中在银行、钱庄等金融领域，但也有部分有远见者投资近代化工厂，这说明洞庭商人已具有较强的现代意识。严兰卿的次子严荫庭等兄弟四人曾投资苏州的第一家工厂苏纶纱厂，并参加了工厂的管理，后把股份让给另一东山人严裕棠。严荫庭后又在江阴办利用纱厂。1908 年严兰卿长子严蟾香在上海独资经营信昌丝厂，后出让给苏州商人王驾六。[①] 席家投资的工厂有席立功 1910 年与无锡人祝大椿合资成立上海公益纱厂，席润身创设中国第一染织厂，席德灿担任过阜丰面粉厂的经理。创办工厂的还有“绒线大王”沈莱舟创办裕民毛绒线厂并任恒源祥织布厂、恒丰毛绒厂总经理，叶明斋创办过龙华制革厂、振华纱厂，叶振民创办大同橡胶厂、大同实业公司，郑宝卿创办扬花绸厂，张紫绶创办呢绒织布厂，严敦俊创办过谦和电灯公司、康年保险公司。[②]

3. 落日辉煌：扬州盐商的衰落

扬州繁华以盐胜，扬州的繁华衰落与盐商的兴败紧密相连。盐作为国家专利，它的生产与运销关系国计民生。清政府采取了官督商引制度，紧紧控制盐的专卖权。在扬州，清政府设立了两淮巡盐御史、两淮盐运史，盐商在官府督办下才能经营盐业。即盐商每年必须先到有关机构购买盐引，凭盐引到指定盐场买一定数量的盐，然后运到指定的地方销售，在规定的范围内有专卖特权。因此，垄断盐源的两淮盐商可以左右盐价。一斤盐在当地只售十文钱，加上税银七文，其成本不过十七文，而运到销盐区则长至五六十文不等。淮扬盐商的销盐区是安徽、河南、湖南、湖北、江西等省份，这是清朝当时在全国划分十一个盐区中最大的一个，利润高、销售范围广，使扬州盐商牟利甚厚。他们富可敌国，让平民百姓瞠目结舌。“富者以千万计”，“百万以下者皆谓之小商”。扬州盐商的巨富是利用清朝政府给予他们的特权——盐引制，通过垄断经营、贱

① 孙建国：《掘金上海滩：洞庭东山商帮发迹路径》，《档案与史学》2004 年第 2 期。

② 郭绪印：《老上海的同乡团体》，文汇出版社，2003，第 303 页。

买贵卖等手段取得的。他们兴盛于此，也败落于此。有特权庇护，他们是不折不扣的官商。盐商们的大量财富成了清政府特殊用项的来源，两淮的盐税直接关涉清政权的经济命脉，“损益盈虚，动关国计”。随着清王朝统治危机的到来，扬州盐商也日渐衰落。乾隆时期，每遇军需、河工、灾赈，盐商必须“捐输”；皇室大典、乾隆南巡，盐商必须“报效”。从乾隆十三年到六十年（1748～1795年），扬州盐商大的“捐输”8次，总计耗银1310万两；向皇室的进贡大的有15次，总额950万两。[①] 到嘉庆年间，爆发了历时9年的白莲教起义，严重动摇了清政府的统治。清政府财政困难，左支右绌，不得不加强对盐商的搜刮。从嘉庆四年到八年（1799～1803年），扬州盐商6次捐助，总额达700万两；嘉庆五年到九年（1800～1804年），扬州盐商又支出佐工、赈灾费用共340万两，粮食30万石。[②] 嘉庆二十年（1815年）后“淮纲每年正杂内外支款，竟需八百万之多”，扬州盐商被逼上绝路。除了政府的“捐输”“报效”，还有给各级官员的“额规”“浮费”。在这样繁重支出的情况下，扬州盐商只能把额外费用转嫁给普通百姓，他们一方面压低收购价格，剥削灶丁，一方面抬高销售价格，剥削消费者，或者把盐和以泥沙以次充好。灶丁无利可图，只好贩私，而私盐质优价廉，每斤不过30余文，所以很受普通消费者欢迎，销售流畅，“两淮纲食引地，无论城市村庄，食私者什七八”。[③] 而地方官员对私盐贩卖也是不闻不问，甚至受贿放行。这样，私盐大行其道，正引不行，商人无法获取重利，国家盐税收入自然大受影响。嘉道年间，每年额行引盐销售不及一半，到道光年间，每年仅销售盐引10万多，不及原额的1/10，而亏欠历年课银5700多万两[④]，原由两淮盐商长期垄断的6省250余县的销售市场丢失殆尽。向有数百

① 《两淮盐法志》卷42，《捐输・军需》。

② 《两淮盐法志》卷42，《捐输・备公》。

③ 盛康：《皇朝经世文续编》卷51，包世臣：《小倦游阁杂说》。

④ 《陶文毅公全集》卷18。

家的淮商到了道光年间仅存数十家，扬州盐商到了“穷邻之月攘以待来年”[①] 的地步。在盐法已经败坏的情况下，清政府不得不改纲为票，实行票盐法。道光十二年（1832 年）两江总督陶澍在淮北开始改引为票，取消了盐商垄断特权，道光三十年（1850 年）两江总督陆建瀛将之推广到淮南。票盐制与纲盐的引商制不同：引商捆盐有定额，行盐有定地，世世相承以为业。而票商则纳一引之课，运一引之盐，额地全无一定，来去任其自便。实行票盐法后，各地商人，不管资金多少，只要纳一定的盐税，就可以领一定的盐票，自行贩运，自行销售。票盐法手续简便，成本低廉，人人可以行盐，这使滞销的官盐，又开始畅销。票盐制打破了原来盐商的垄断地位，使“盐如百货之通流”，形成自由贸易、自由竞争的局面，对促进商业资本主义因素的发展有积极意义。[②] 但扬州盐商群体衰落了，“自陶澍改盐纲，而盐商一败涂地”，更有盐商积欠课税而被抄家。盐商的园林“楼台倾毁，花木凋零”，道光年间“荒芜更甚”。到咸丰年间，太平天国运动波及扬州，使“商人居于镇、扬二郡者，十有八九亦遭荼毒”。同治初年，曾国藩再改盐法，将票法参以纲法，又出现了专商，一些盐商借此发家，比如汪鲁门、叶翰甫、周扶九、徐静仁、陆费颂陔、毕儒臣等。但是淮南盐场海势东延，盐产日减，后不得不在淮北苇荡左营铺筑圩滩，生产盐斤，以济淮南产盐之不足，共有 7 个公司铺圩制盐，称济南场七公司，盐圩共 145 条，年产盐 400 多万担。由于盐运使公署设在扬州，因此，清末民初扬州盐商有过一段回光返照的时期。但民国二十年（1931 年）“运司公署”迁往海州，扬州盐官改为“淮南运副”，湘、鄂、赣运商多数就场纳税办运，扬州盐运中心地位丧失，扬州盐商最终衰落。而在回光返照中发迹的个别盐商也

① 叶美兰：《柔橹轻篙——扬州早期城市现代化之路》，北京燕山出版社，2004，第 43 页。

② 张连生：《扬州盐商为什么从嘉庆以后走向衰落》，《扬州史志资料》1981 年第 1 辑。

把资金转移到上海发展，如徐静仁在上海任中南银行董事长并有新裕纱厂，周扶九到上海做黄金生意。

扬州盐商的衰落很大程度上与政府政策有莫大关系，当然也与交通和自然环境有一定的关联。扬州盐商与政府靠得太紧，一旦失势，便无法立足。相反，洞庭商人主要靠市场，与政府没有多少关联，他们经营的米粮与纱布是人们生活必需的，利润有限但能久远。在近代化浪潮中，他们借助上海这个市场终于成功转型，而扬州盐商却是无可奈何花落去。

二　江苏区域工商文化的近代演进

明清江苏商品经济的发展以及区域文化的工商传统，培育了江苏人比较强烈的市场意识，提供了江苏近代工商业发展的历史基因，助推了近代苏商的发展。意识是行动的先导，在工业文明面前，江苏区域文化工商传统所具有的开放性、市场性使得江苏人较易接受符合历史潮流的思想观念。江苏作为《南京条约》的签约地，一方面对外来侵略深有体会，另一方面有识之士也对时代变局和世界工业文明开始思考，成为文化先驱。他们的思考及理论成果通过江苏发达的文教系统发散开来，丰富了江苏区域工商文化的内容，增加了江苏区域工商文化的近代性因素，影响了一代又一代致力于“实业救国”的苏商。这批有识之士中有学者，有士绅，有政府官员；有江苏本地人，也有外省人。

1. 包世臣的“本末皆富”论

包世臣（1775～1853 年），安徽泾县人，清代学者。字慎伯，晚号倦翁，又自署白门倦游阁外史、小倦游阁外史。泾县于东汉时曾分置安吴，包氏旧居接近其地，所以学者称安吴先生、“包安吴”。自幼家贫，勤苦学习，工于词章，有经济大略，喜谈兵。嘉庆十三年（1808 年）中举，多次考进士不中。他毕生留心于经世之学，并勤于实际考察，对于漕运、水利、盐务、农业、民俗、刑法、军事等，都能提出有价值的见解。东南大吏每遇兵、荒、河、漕、盐诸巨政，经常向他咨询，以此名满江淮。他著有《中衢一勺》《艺舟双辑》《管情三义》《齐民四术》等书，合辑成《安吴四种》，由于他曾先后为陶澍、裕谦、杨芳等人做幕客，并与江苏诸文人交游甚密，所以书中对江苏民情多有记录并提出对策。鸦片战争爆发后，他坚决主张抵抗英国殖民主义者的野蛮入侵。但也提出在广东寻找熟悉英国"地势人情"之人，以取得"制炮之法"，提出了向西方学习的主张。在经济上，包世臣提出"本末皆富"论。他说："本末皆富，则家给人足，猝遇水旱，不能为灾，此千古法治之宗，而子孙万世之计也。"① 他提出国富基于民富，离开民富不可能有真正的国富，"使民困少瘳，则国脉益厚。"② 如何使国家富强，他认为创造财富的还是农业，"天下之富在农而已"，这反映了他的传统农本思想。但是他也提倡"末富"，"夫无农则不食，无工则无用，无商则不给，三者缺一，则人莫能生也"③。所以，他对农、工、商的职能十分清晰，看出三者相辅相成的关系。"生财者农"，"备器用者工"，"给有无者商"，三者缺一不可，只有这样，社会经济才会发展繁荣。包世臣的"本末皆富"论是他经世思想在经济领域的反映，也继承明末清初江苏的实学思想。他自己曾说"展侧吴越，近世闻人之书大都得寓目，且以为百余年来，言学者必推亭林，亭林书必首推《日知录》"。他推崇《日知录》，"叹为经国硕猷，足以起江河日下之人心风俗，而大为之防"。因此，他的"本末皆富"思想有继承有发展，契合时代要求，具有一定的近代性因素。

2. 魏源的"师夷长技以制夷"思想

魏源（1794～1857 年）名远达，字默深，湖南邵阳人。道光

---

① 包世臣：《庚辰杂著二》，《安吴四种》卷 26。

② 包世臣：《农政》，《安吴四种》卷 25。

③ 包世臣：《说储上篇前序》，《安吴四种》卷 7 下。

二十五年（1845 年）进士，著名学者，中国近代启蒙思想家。魏源在嘉庆二十五年（1820 年）全家迁居江苏扬州新城。1825 年应江苏布政使贺长龄之聘，编辑《皇朝经世文编》，之后入两江总督陶澍幕府，后入两江总督裕谦幕府。后来还担任过兴化、东台知县和高邮知州，盐运使海州分司通判。魏源经营过盐业，是一名盐商，并利用经商赚的钱在扬州修筑了契园。他学识渊博，著述很多，主要有《书古微》《诗古微》《默觚》《老子本义》《圣武记》《元史新编》和《海国图志》等。《海国图志》是其中有较大影响的一部，对中国近代进步思想的发展有很大促进作用。魏源同林则徐一样，是鸦片战争时期"睁眼看世界"并最有眼光的人物之一。他与林则徐、包世臣等主张经世致用的一批文人都是好朋友。他既坚决反抗侵略，又重视了解和学习西方的科学技术，作为对付侵略的重要方法。他在《海国图志》中很好贯彻并发挥了林则徐了解和学习西方的思想和做法，提出了"师夷长技以制夷"的正确口号。《海国图志》是在林则徐《四洲志》的基础上写成的，详细、科学地记述了西方各国的地理、社会、经济、政治和风土人情。他在《海国图志》序言中开宗明义宣称："是书何以作？曰：为以夷攻夷而作，为师夷长技以制夷而作。"他认为"善师四夷者，能制四夷；不善师外夷者，外夷制之"，把学习西方的"长技"提高到关系国家民族安危的大事来认识，使之在当时社会上发生了振聋发聩的影响。针对当时封建顽固派把西方先进的工艺技术一概目之为"奇技淫巧"的无知，他指出，"有用之物，即奇技而非淫巧"，必须认真加以学习，而不能盲目自大，自甘落后。为此，他提出一套具体方案，不但包括了官办军事工业，改进军队武器装备的内容，而且提出了兴办民用工业，允许商民自由兴办工业的主张。其中包含了例如："量天尺、千里镜、龙尾车、风锯、水锯、火轮舟、自来火、自转碓、千金秤之属，凡有益民用者，皆可于此造之"。主张以后"沿海商民，有自愿仿设厂局，以造船械，或自用，或出售者，听之"。他还倡议"立译馆翻夷书"，并"于闽粤二省武试，增设水师一科，有能造西洋战舰、火轮舟、造飞炮火箭、水雷奇器者，为科甲出身”，以奖励科学发明。他认为这样做，即可以“尽得西洋之长技为中国之长技”，逐步改变中国的落后面貌，从而达到“制夷”之目的。他满怀着民族自豪感，对中华民族的智慧才能充满信心，认为“中国智慧无所不有”，中国“人材非不足”，“材料非不足”，中国有着丰富的矿藏和资源，具有自己的有利条件。他相信中国人民有能力掌握西方的新式生产技术，可以逐步做到“不必仰赖于外夷”，指出只要经过努力，若干年后，必然“风气日开，智慧日出，方见东海之民，犹西海之民”，中国一定能富强起来，赶上并超过西方资本主义国家。[①]

3. 洪仁玕的“发展资本主义”改革与建设方案

洪仁玕（1822～1864 年），广东花县人，是太平天国天王洪秀全的族弟，曾在香港居住多年，1859 年到天京（即南京），获封为军师、干王，一度总理朝政，1864 年在江西被清廷捕杀。洪仁玕是太平天国领导层中对西方见识较广的一位，他到天京后不久提出的《资政新篇》是一个带有鲜明资本主义色彩的改革与建设方案，在当时的中国是相当先进的思想。

《资政新篇》除前言外，包括“察察类”“风风类”“法法类”和“刑刑类”四篇，从政治、经济、思想文化和外交等方面提出改革方案。政治上，主张“禁朋党之蔽”，加强中央集权；要学习外国的“邦法”，“视乎时势之变通为律”，这个“时势”就是世界上资本主义发展的大势。英国由于法善，而被称为“最强之邦”；美国“有事各省总目公议”，“取士、立官、补缺及议大事，则限月日，置一大柜在中庭，令凡官民有仁智者，写票公举，置于柜内，以多人举者为贤能也，以多议是者为公也”；法国“邦势亦强”。经济方面，主张发展近代工矿、交通、邮政、金融等事业；

① 《互动百科“魏源”词条》，http://www.hudong.com/wiki/%E9%AD%8F%E6%BA%90。

吸取外国的科学技术，奖励科技发明和机器制造；提出“准富者请人雇工”，即提倡资本主义的雇佣劳动制度。在思想文化方面，提出设新闻官、设“暗柜”，用以监督官员，改革弊政；主张革除缠足、溺婴等社会陋习；提倡兴办学校、医院和社会福利事业。外交方面，主张和外国通商和好，促使中国将来与西方国家“并雄”于世界，“又有柔远人之法。凡外国人技艺精巧，国法宏深，宜先许其通商，但不得擅入旱地，恐百姓罕见多奇、致生别事。惟准牧司等，并教技艺之人入内，教导我民，但准其为国献策，不得毁谤国法也。”① 1859 年洪仁玕提出的《资政新篇》里有一整套学习西方国家的方法和发展资本主义的设想，就其在思想史上的地位，洪仁玕的思想是比较超前的。纵观世界，除英、法、美等少数国家走上资本主义道路，俄国 1861 年农奴制改革，日本 1868 年明治维新，德国也是 1870 年左右才统一，就是美国，1860 年还有南北战争，其南方还是农奴制。因此，洪仁玕的思想不仅在中国史无前例，就是在世界上也不落后。可惜太平天国不久就失败了，洪仁玕也被捕牺牲，他的改革方案无法实现。

4. 汪士铎的“减农广商”论

汪士铎（1814～1889 年），字梅村，江苏江宁（今南京市）人。他出身于破落的封建地主家庭，当过商店学徒。1840 年中举人，一生以游幕和接徒为业。1853 年太平军占领南京，汪士铎正在城内，被编入男营。年底逃出南京到安徽绩溪。1859 年应聘充胡林翼幕僚，代胡编辑《读史兵略》《大清中外一统舆地全图》等，并与曾国藩、刘坤一等交往，著有：《汪梅村先生集》《乙丙日记》《悔翁笔记》《南北史补记》《水经注图》等，其中《乙丙日记》是一部谈人口问题的主要著作。他认为当时的许多社会危机都是因为人口增长过快，提出“减农广商”论。他说：“古人重

① 洪仁玕：《资政新篇》，《太平天国》第 2 册，神州国光社，1952，第 528 页。

农轻逐末，于今较之利害何如，盖农不可少而真不可重也。”[①] 应该大力发展商业活动，这样可以人口分流，减少社会矛盾。“减农广商”的理由有三：第一，商人不容易起来造统治阶级的反，即他所说的“士商机巧而无能为，农工愚狠，能为乱而心齐”。[②] 第二，商人容易致富，经商是富民的一条有利途径，因此应该重视商业。第三，经商的家庭男子外出经商，夫妇同房机会少，因此可以减少怀孕，从而减少人口出生率。“推原其故，他邑人皆经商在外，故生子少，妇人独居故也。又或携眷迁徙，故人不多而富。”[③] 经商是减少人口的一个办法，同时又能直接致富，人口少了，人民富了，又可保证国家的政治安定，从而达到维护封建地主阶级统治的目的。当然事实上不可能全国的老百姓都去经商，但从这里可以看出，他也初步看到了在资本主义思想的冲击下，经过商品经济的洗礼，人们可以改变观念，革新生活方式，控制人口增长，从而革新社会面貌。这无疑是一个具有积极意义和进取精神的思想。

5. 冯桂芬、王韬、薛福成、马建忠等四人的“中体西用”思想

冯桂芬（1809～1874 年）晚清思想家、散文家。字林一，号景亭，吴县（今江苏苏州）人，曾师从林则徐。道光二十年（1840 年）进士，授编修，咸丰初在籍办团练，同治初，入李鸿章幕府。少工骈文，中年后肆力古文，尤重经世致用之学。在上海设广方言馆，培养西学人才。先后主讲金陵、上海、苏州诸书院。冯桂芬为改良主义之先驱人物，最早表达了洋务运动“中体西用”的指导思想。著有《校邠庐抗议》《说文解字段注考证》《显志堂诗文集》。王韬（1828～1897 年），中国改良派思想家、政论家和新闻记者，清道光八年十月四日（1828 年 11 月 10 日）生于苏州

① 汪士铎：《乙丙日记》卷 3。
② 汪士铎：《乙丙日记》卷 3。
③ 汪士铎：《乙丙日记》卷 2。

府长洲县甫里村（今江苏省苏州市吴中区角直镇），初名王利宾，字兰瀛；十八岁县考第一，改名为王瀚，字懒今，字紫诠、兰卿，号仲弢、天南遁叟、甫里逸民、淞北逸民、欧西富公、弢园老民、蘅华馆主、玉鲍生、尊闻阁王，外号“长毛状元”。薛福成（1838～1894年）字叔耘，号庸庵。江苏无锡宾雁里人。出生于书香门第、官宦之家。近代散文家、外交家。自幼即受时代影响，广览博学，致力经世实学，不作诗赋，不习小楷，对八股尤为轻视。薛福成一生撰述甚丰，著有《庸庵文编》4卷、《续编》2卷、《外编》4卷、《庸庵海外文编》、《筹洋刍议》14卷、《出使四国日记》6卷、《续刻》、《庸庵笔记》、《出使奏疏》2卷、《出使公牍》10卷等书。薛福成的著作基本上均已编入《庸庵全集》。其《出使日记》及续刻，近年又被编入《走向世界丛书》。马建忠（1845～1900年），别名干，学名马斯才，字眉叔，江苏丹徒（今镇江）人，中国清末洋务派重要官员、维新思想家、外交家、语言学家。其所著《文通》是第一部中国人编写的全面系统的汉语语法著作。亦是《文献通考》作者马端临第二十世孙。父亲马岳熊，在家乡行医经商。有四兄一姐，二哥马建勋，入李鸿章幕府，司淮军粮台。四哥即著名爱国人士，震旦、复旦大学的创始人马相伯。外甥朱志尧是上海求新机器厂创始人。

这四个人都是江苏人，都与李鸿章有直接关系，他们不仅主张“中体西用”，而且有变革政治的早期维新思想，是清末洋务运动中层骨干力量，提出了发展资本主义工商业的许多设想和建议。除冯桂芬外，王韬、薛福成、马建忠都有海外经历，他们对世界变化认识深刻，其思想影响深远。

冯桂芬，最早提出“中体西用”的思想。道光十二年（1833年），林则徐任江苏巡抚时，结识并提拔了素昧平生的冯桂芬，称他为“百年以来仅见”的人才，并招入抚署读书，收为学生。冯桂芬参加道光二十年（1840年）庚子科礼部试、殿试，钦赐一甲二名进士及第，即榜眼，授翰林院编修。咸丰三年（1853年），太平天国于南京建都，他则被指派于南京附近的苏州，协助组织军队与太平军对抗。咸丰十年（1860 年），太平军攻下苏州，兵败的他前往上海，协助李鸿章，以英美兵器经验自创淮军。幕僚期间，1861 年他完成了政论代表作《校邠庐抗议》40 篇，提出“以中国之伦常名教为原本，辅以诸国富强之术”。这个主张核心思想就是“中体西用”，被视为洋务运动的指导思想，后被资产阶级维新派奉为先导。冯桂芬的认识较魏源有较大的进步，他总结出中国“五不如夷”，除了认识到船坚炮利不如夷外，还认识到“人无弃才不如夷，地无遗利不如夷，君民不隔不如夷，名实必符不如夷”。这里冯桂芬除了在技术方面外，还提出了“君民不隔”问题，这是很可贵的。他主张“采西学”“制洋器”，冯桂芬非常强调中国自己掌握制洋器的技术。他说：“或曰，购船雇人何如？曰，不可。能造，能修，能用，则我之利器。不能造，不能修，不能用，则仍人之利器也。利器在人手，以之转漕，而一日可令我饥饿；以之运盐，而一日可令我食淡；以之涉江海，而一日可令我复溺……借兵雇船皆暂也，非常也。目前固无隙，固可暂也。日后岂能必无隙，固不可常也。终以自造、自修、自用之为无弊也。”①这里包含着发展中国家在向发达国家学习中必须自己掌握经济命脉，才能确保独立的思想。

王韬，1845 年考取秀才。1849 年应英国传教士麦都士之邀，到上海墨海书馆工作。1862 年因化名黄畹上书太平天国被发现，清廷下令逮捕，在英国驻沪领事帮助下逃亡香港。应邀协助英华书院院长理雅各将十三经译为英文。1867 年冬至 1868 年春漫游法英等国，对西方现代文明了解更深。1868 年至 1870 年旅居苏格兰克拉克曼南郡的杜拉村，协助理雅各。1870 年返回香港。1874 年在香港集资创办《循环日报》，评论时政，提倡维新变法，影响很大。1879 年，王韬应日本文人邀请，前往日本进行为期四个月的

① 冯桂芬：《校邠庐抗议》，上海书店出版社，2002，第 51 页。

考察。王韬考察了东京、大阪、神户、横滨等城市，写成《扶桑游记》。王韬1884年回到阔别20多年的上海。次年任上海格致书院院长，直至去世。1894年为孙中山修改《上李鸿章书》，并修书介绍于李鸿章的幕友罗丰禄、徐秋畦等。王韬其实与洪仁玕是好朋友，他们都是教会中人，都得到传教士理雅各的帮助，因此他才上书太平天国。由于王韬在英国、日本的名望和他的变法维新政论，使李鸿章对之刮目相看，认为王韬是"不世英才，胸罗万有"，希望召罗为用，这样王韬才结束了20多年的政治流亡生涯回到上海。王韬曾游历英、法、俄等国，受资本主义思想的影响，在经济上他主张在中国发展资本主义工商业。王韬提出"恃商为国本"、"商富即国富"的思想，主张减轻商税征收"商不重征，贾不再榷，各劝其业，争出吾市，则下益上富"。他认为厘金税加重商人负担，阻碍商品流通，应予裁撤。[①] 他提出"器则取诸西国，道则备自当躬"，[②] 这体现了他的"中体西用"思想。王韬主张变法，他根据《易经》中"穷则变，变则通"的道理，断定"天下事未有久而不变者"；王韬最早提倡废除封建专制，希望建立"与众民共政事，并治天下"的君主立宪制度。

薛福成，1865年致书曾国藩，建议改革科举、裁减绿营，学习西方军事技术，遂得入其幕。光绪元年（1875年），应诏上改革内政外交万言书，一夜成名。旋被李鸿章延为重要幕僚，协理外交事务达10年之久，曾为李起草不少有关洋务的奏稿、书牍。1879年，上书反对清政府授予英人赫德总司南北洋海防大权，使英国控制中国海军的企图不能得逞。同年，撰《筹洋刍议》，其中有《变法》一文，文中他说："取西人器数之学，以卫吾尧、舜、禹、汤、文、武、周、孔之道。"[③] 他主张发展工商业，实行关税自主，

① 《百度百科"王韬"词条》，http：//baike. baidu. com/view/43439. htm。

② 王韬：《韬园文录外编》，上海书店出版社，2002，第266页。

③ 薛福成：《筹洋刍议·变法》，丁凤麟等编《薛福成选集》，上海人民出版社，1987，第556页。

抵制外国商品倾销，扩大丝茶出口，以改变外贸入超。1884 年，中法战争期间，任浙江宁绍台道，击退法舰进犯。1889 年，薛福成受命为出使英、法、意、比四国大臣。曾与英国谈判订滇缅界务、商务，争回部分主权。出使期间，更进一步主张效法西方国家，发展机器工业，实行商办，促进民族工商业的发展，并在政治上赞赏英国和德国的君主立宪制度。1894 年返国。

马建忠，从小学中国传统经史。咸丰三年（1853 年），太平军攻入南京，马举家搬上海躲避战乱。马建忠与四哥就读中西学并重的天主教耶稣会徐汇公学，学习法文和拉丁文等课程，同时准备科举，后与其四哥同为该校首届毕业生。1860 年，英法联军攻占北京，火烧圆明园，刺激了少年的马建忠，对那些“绝口不谈海外事”的士大夫非常不满，“决然舍其所学，而学所谓洋务者”。他搜寻各种西方新学的译著，如痴如醉地研读。又入耶稣会在上海设立的初学院作修士，继续学习法文、拉丁文、英文、希腊文等外语。经过 10 余年的刻苦努力，成了一位“善古文辞，尤精欧文，英、法现行文字以至希腊、拉丁古文，无不兼通”的学贯中西的新式人才。同治九年（1870 年），经二哥马建勋引荐，成为李鸿章的幕僚，随办洋务。因为熟悉西洋文化和语言，他受到李鸿章的赏识。光绪二年（1876 年），他以郎中资格被李鸿章派往法国学习国际法，同时兼任中国驻法公使郭嵩焘的翻译。这年马建忠如愿以偿，考取公费留学法国，研究西方各国文字。他一边读书，一边兼任驻法公使馆的法文翻译。马建忠回国后，重入李鸿章幕，成了李鸿章办理外交与洋务的左右手。曾去印度、朝鲜处理外交事务。并任轮船招商局会办、上海机器织布局总办。马建忠在经济上强调治国以富强为本，求强以致富为先，而富民是富国的中心和主要出发点。他说“国强基于国富，国富唯赖行商”。[①] 由于他留学欧洲，对西方的发展有比较深刻的认识，他说：“西人以利为先，首曰开

① 马建忠：《采西学议》，《马建忠集》，辽宁人民出版社，1994，第 134 页。

富源，二曰厚民生，三曰裕国用，四曰端吏法，五曰广言路，六曰严考试，七曰讲军政，而终之以联邦交焉。”① 直接宣扬西人的“以利为先”的观点。马建忠反对闭关自守，提倡对外通商，他说：“夫处今之世，轮船铁道梭织寰中，而欲自囿一隅，禁绝外人往来，势必不能；不若因其利而利之，以广我之利源，推行尽善，国富民殷。”② “求富之源，一以通商为准”，“通商而出口货溢于进口者利，通商而进口货溢于出口者不利。”因此，中国要富，在马建忠看来就要出口多于进口，“欲中国之富，莫若使出口货多，进口货少。出口货多，则已散之财可复聚；进口货少，则未散之财不复散。”③ 马建忠还提倡修筑铁路，发展交通事业，使货畅其流等主张，他写了《铁道论》《借债以开铁道说》等文章，指出铁路是发展工商业，利于经济发展以及国防建设的重要条件。他说：“吾以为火轮车惟中国可行，惟中国当行，且惟中国当行而刻不容缓”。这与顽固派“一闻修建铁路、电报，痛心疾首，群起阻难”形成鲜明对比，充分显示出马建忠对世界发展大势的认识。

6. 林则徐等督抚对江苏区域工商文化的现代推动

鸦片战争前，林则徐等少数人已经看到世界的变化，他开始找人翻译书籍，了解世界。鸦片战争后，清政府内外交困，中央集权受到削弱。1853 年太平天国政权定都南京，江苏作为中国最繁华的地区沦为战区，田园荒芜，商旅不行，严重影响清政府的政权。紧迫的形势使得清最高统治者不得不授予江苏督抚以组织团练和筹饷等军事、财政权力以便镇压太平天国。这种做法挽救了清王朝，但也导致部分军、政、财大权由中央移向地方，由满人移向汉人，形成地方军事化与督抚专权的格局。而江苏督抚在与列强联合镇压太平天国的过程中，也深刻体会到向外国学习“长技”的必要，

① 马建忠：《采西学议》，《马建忠集》，辽宁人民出版社，1994，第 159 页。
② 马建忠：《采西学议》，《马建忠集》，辽宁人民出版社，1994，第 172 页。
③ 马建忠：《采西学议》，《马建忠集》，辽宁人民出版社，1994，第 126 页。

“一些得风气之先的地方督抚大员成为中国早期工业化的领导者与推动者”。[①] 李鸿章说：“中国欲自强，则莫如学习外国利器；欲学外国利器，则莫如觅制器之气。”丁日昌说：“究之取材异地，操纵之权操乎人；不若自辟规模，变通之术操之我。”他们的思想一方面有维护清朝统治的落后性，但另一面也有力推动了江苏现代产业的出炉，以火车、轮船、电报、纺织、矿山、新式学堂等实物向人们展示工业文明的到来，通过声、光、化、电和新式教育改变人们的思维，推动江苏区域文化进一步向现代工商文明演进。

林则徐（1785～1850年），福建侯官人（今福建省福州），字元抚，又字少穆、石麟，晚号俟村老人、俟村退叟、七十二峰退叟、瓶泉居士、栎社散人等。嘉庆十六年（1811年）进士，担任过江苏按察使、江宁布政使、江苏巡抚、两江总督，在江苏为政多年。他严禁鸦片、虎门销烟，坚决维护国家主权和民族利益，声震中外。林则徐被称为近代中国“睁眼看世界第一人”，他在广州禁烟斗争中，派人翻译西书，了解西方各国，编有《四洲志》。林则徐抚苏时，力主兴修水利、减轻赋税、赈灾救民，反映了他的农本思想。但是他对商品经济也有自己的认识，提出要发展工商业。因为他亲眼看到苏南一带农民在灾年并不十分困难，认为这和江南一带工商业“繁富”有关，是“由于百货之流通，悒彼注滋，尚堪补救”。[②] 林则徐鼓励商民开矿，提出“宽铅禁”“减浮费”“杜诈伪”和“严法令”等开矿办法。林则徐还建议漕粮海运，他说：“沙船往来关东，每岁以数千计，水线风信，皆所精熟，只令装载六七分，已合松舱之数，则风暴无虑也……海运若行，或以官运，或以商运，或运正供额漕，或采买米石，尚当细酌情形，另行从长计议。”[③]

① 罗荣渠：《现代化新论：世界与中国的现代化进程》，北京大学出版社，1993，第276页。

② 林则徐：《江苏阴雨连绵田稻歉收情形片》，《林文忠公政书》甲集卷2，第24页。

③ 林则徐：《议复筹划漕运事宜疏》，《林文忠公政书》乙集卷8，第17页。

曾国藩（1811～1872年），湖南湘乡人，字伯函，号涤生。他因编练“湘军”镇压太平天国有功而被称为“中兴名臣”，是近代中国最有影响的人物之一。曾国藩从1860年到1872年，三度出任两江总督，最后死于两江总督任上。与魏源“师夷长技以制夷”异曲同工的是曾国藩提出“师夷智以造船制炮”，并且早在1861年就设立了安庆内军械所，制造洋枪洋炮，制造出中国第一艘以蒸汽机为动力的小火轮“黄鹄号”。后又李鸿章在上海创办江南制造总局，曾国藩是中国近代工业的开创者。曾国藩镇压了太平天国，但对饱受战乱、满目疮痍的长江下游的经济恢复十分重视。他一方面进行土地清查，归还原主，另一方面重视商业的恢复。他规定，江宁府的纺织业3年不征税，其他府县6年不征税；本地商人从湖北往江宁地区运货，也3年不征税。[①] 这样，各地商人逐渐聚集南京，南京的工商业渐渐兴盛起来。曾国藩重视西方自然科学，大力推行西方科学书籍的翻译和传播工作。同治七年（1868年），江南制造总局设立翻译馆和印书处。聘请英国人傅兰雅、伟烈亚力，美国人林乐知、玛高温等为译员，聘请李善兰、徐寿、华衡芳、李凤苞、赵元益等为协同司事。翻译的内容包括算学、化学、地理、矿物学、天文学、博物学、医学、制造船学、工艺、水陆兵法、历史、法律等。至清末，共翻译和印刷西书159种，几乎占了全国译书的一半。[②] 他还支持容闳的留学计划，派遣120名幼童留学美国。

李鸿章（1823～1901年），安徽合肥人，世人多尊称李中堂，亦称李合肥，本名章桐，字渐甫或子黻，号少荃（泉），晚年自号仪叟，别号省心，谥文忠。李鸿章也是靠镇压太平天国起家，他是淮军创始人和统帅，洋务运动的主要倡导者之一，官至直隶总督兼北洋通商大臣，授文华殿大学士，曾经代表清政府签订了《越南

① 蒋明宏、刘刚：《两江总督》，农村读物出版社，2004，第240页。
② 蒋明宏、刘刚：《两江总督》，农村读物出版社，2004，第245页。

条约》《马关条约》《中法简明条约》等。李鸿章于1861年至1865年任江苏巡抚，1865年至1866年任两江总督。李鸿章在江苏创办了苏州洋炮局、金陵机器局，在上海创办江南制造总局、轮船招商局、上海机器织布局。

沈葆桢（1820～1879年），福建省侯官县（今福州市区）人，字翰宇，又字幼丹，林则徐的女婿，死后谥文肃。1875年，沈葆桢被任命为两江总督兼南洋通商大臣，督办南洋海防，直至去世。在两江总督任上，沈葆桢关注民生，注意发展工商业，他想方设法把亏损严重的美商旗昌轮船公司买下给轮船招商局。为了扶持江南制造总局，沈葆桢与各国领事商定，江南制造总局不得修造商船，而各国在华厂家不得修造兵船。

左宗棠（1812～1885年），湖南湘阴人，字季高，一字朴存。左宗棠1881到1885年任两江总督。在任上，他修建了句容赤山湖水利工程、江宁朱家山工程及重修范堤等水利工程，并对盐务进行改革，继续推行票盐制。他对近代江苏工业的贡献是奏请开办徐州矿务，成立徐州利国矿务局，任命候补知府胡恩燮主办矿务，1884年出煤。

刘坤一（1830～1902年），湖南新宁人，字岘庄，湖南新宁人。廪生出身，1855年参加湘军楚勇与太平军作战。累擢直隶州知州，赏戴花翎。1862年，升广西布政使。1864年升江西巡抚。1874年，调署两江总督。1875年9月，授两广总督，次年兼南洋通商大臣。1891年受命“帮办海军事务”，并任两江总督。中日甲午战争时，支持对日作战。1895年强学会成立，他表示支持。维新运动起，他攻击康、梁变法，但又反对废黜光绪帝。1901年与张之洞连上三疏，请求变法，提出兴学育才、整顿朝政、兼采西法等主张，称“江楚三折”，多为清廷采纳。有《刘坤一集》传世。从1875年到1902年的20多年间，刘坤一先后署理或实授两江总督前后达10多年，最后死于两江总督任上。刘坤一对学习西方科学技术比较重视，并积极引进、采用。他署理两江总督时，曾将江南的漕粮改由轮船装运，大大提高了运输量。他奏请在江宁设厂制造洋火药。光绪八年（1882 年），金陵制造洋火药局动工兴建，光绪十年（1884 年）竣工。光绪十八年（1892 年），他决定在江南制造局设炉自炼钢片。光绪二十二年（1896 年），他申请开办江宁矿务，奏请设立商务大臣，开办芦汉铁路。1901 年清末新政后，刘坤一与张之洞联名上奏《变通政治人才为先》《整顿中法十二条》和《采用西法十一条》三折，一般通称《江楚会奏变法三折》，为清政府采用，实际上是清末新政的实施纲领。主要内容有设立新式学校、改革科举制度、停止武科举、鼓励到国外学习游历；革除弊端、提倡节俭、打破用人常规、停止捐钱买官、增加官员俸禄、改革司法、裁撤绿营兵；派大臣出国考察、用西法训练军队、制造新式武器、设农政大臣、鼓励垦荒、设立工艺学堂和劝工场、建立专利制度、制定法律、使用银元等。[①] 刘坤一重视兴学育才，他鼓吹推广新式教育，要求各省县广泛设立学校，让每个人都有接受教育的机会，请求开办农工商矿学堂，培养专门人才。光绪二十五年（1899 年），刘坤一在江宁设立练将学堂，聘请洋人教官，分科讲习和操练。他还在江宁创办农务学堂和矿务学堂，并开始筹建三江师范学堂。

张之洞（1837 ~ 1909 年），直隶南皮人（今属河北省），字孝达，号香涛，晚年又有无竞居士、壶公、香岩、抱冰等别号。他是洋务运动后期的领军人物。张之洞的主要政绩在湖北，他担任湖广总督近 20 年。他两次署理两江总督，时间共一年多，但政绩颇佳。第一，支持近代工业，提出设厂蓝图。张之洞于 1894 年 11 月至 1896 年 1 月出任两江总督，他提出“酌量地方情形，增设纱、丝各厂”[②]，提出江苏应着重发展棉纺业和缫丝业。第二，设立商务局，推进工商业发展。张之洞曾上书朝廷，主张各地设商

---

① 蒋明宏、刘刚：《两江总督》，农村读物出版社，2004，第 268 页。

② 汪敬虞：《中国近代工业史资料》第 2 辑上册，科学出版社，1957，第 595 页。

务局，“专取便商利民之举”，得到清政府赞同。得到批准后，张之洞立即在江宁、镇江、苏州、通州等地设立商务局。第三，注意交通建设。光绪二十一年（1895年），他首先提出修筑江浙铁路，几经周折，终于在光绪三十四年（1908年）筑成江浙铁路沪宁线。他还在江宁、上海铺筑马路，在上海设内河轮船总局，招商开办水运业务，开设了上海至苏州，苏州至镇江，镇江至清江，上海至杭州、湖州，吴淞至崇明、通州、海门等六条航线。[①] 第四，重视教育。张之洞在两江任上倾力举办新式学堂。光绪二十一年（1895年），张之洞将原来的金陵同文馆改为初等储才学堂。同年十二月，又奏准在江宁仪凤门三牌楼设立江南储才学堂，主要学习外文。此外还有交涉、农政、工艺、商务等课程。同年，他还在江南陆师学堂内设立铁路学堂，培养铁路专门人才。光绪二十九年（1903年），继前任刘坤一之后奏办三江师范学堂，当年八月开学，设理化、农业博物、历史舆地、手工图画4科，学制分1年、2年、4年，学生900名。[②] 该学堂体制完备，是当时屈指可数的师范学堂。

端方（1861～1911年），满洲正白旗人，拖忒克氏，字午桥，号匋斋。世居直隶丰润，家族显赫。端方于1904年调任江苏巡抚、署理两江总督，1905年出国考察，1906年到1909年任两江总督，前后在江苏有4年之久。端方在百日维新中督理过新设立的农工商总局，因而督苏期间，他在经济上大力推行“训农劝工保商”的各项措施，举办了中国有史以来的第一次商品展销会“南洋劝业会”，前后6个月，吸引中外人士数十万，轰动一时。在政治方面，端方顺利推行了咨议局议员选举，使一大批代表工商资产阶级利益和愿望的“绅商”和知识分子进入议政机构；推进了全省的城乡自治运动，成立了各层级的“自治研究所”及“自治学社”。

① 蒋明宏、刘刚：《两江总督》，农村读物出版社，2004，第277页。
② 蒋明宏、刘刚：《两江总督》，农村读物出版社，2004，第279页。

端方也十分重视教育，他主政江苏期间，江苏教育投入居全国第一位。江苏教职员的薪水、学校建筑、图书标本“皆居全国之冠”。[①] 端方注重实业教育，1904 年他在苏州创设江南实业学堂，1908 年在南京创办南洋高等商业学堂，办有银行、税则保险、商业应用等科，培养了一批金融人才。据统计，1907 年到 1909 年，宁属实业学堂由 4 所增加到 8 所。1908 年，端方还设立粹敏第一女学于南京。在端方的推动下，江苏女学得到很大发展。到 1909 年，南京已有女子学校 12 所，其中官办 9 所，私立 3 所。全省女子学堂 116 所，学生 5139 人，占全国女学生人数的 1/3 强。[②] 端方一如既往向外派遣留学生。他还设立了国内第一所华侨学堂“暨南学堂”，筹建江南图书馆、两江法政学堂等。

三　近代苏商的发展

近代苏商的发展，既有区域工商传统的继承，也有上海的辐射示范，还有鸦片战争以来江苏地方督抚等有识之士的推动，是一种历史合力作用成就了近代苏商。从历史阶段看，近代苏商的发展大致经历这样几个阶段：1840 年至 1895 年，以洞庭商人为代表的苏商完成近代转型；1895 年之后直至 1927 年，一大批近代化工厂出现，是苏商发展的重要标志，这段时期也是外国学者所称的“中国资产阶级的黄金时代”。1927 年以后，苏商发展道路比较曲折。就近代苏商主体而言，其发展的标志是江苏出现一大批民族工商业者：无锡有杨氏、荣氏、薛氏、唐氏等六大资本集团，群星灿烂；苏州有以严裕棠、刘鸿生为代表近代商人；常州出现刘国钧、刘靖基等为代表的近代商人；南通以张謇为代表；另外还有以陈光甫、

---

① 蒋明宏、刘刚：《两江总督》，农村读物出版社，2004，第 284 页。

② 王树槐：《中国现代化的区域研究：江苏省，1860～1916》，台湾：《中央研究院近代史研究所专刊》1984 年第 48 期，第 242 页。

周作民、胡笔江为代表的近代银行家。整体而言，近代苏商光彩夺目，是旧中国商人群体中的佼佼者。

1. 开路先锋：张謇与大生系统企业

张謇（1853～1926年），1853年7月1日，张謇出生在江苏省海门常乐镇一个富裕农民兼小商人的家庭，家里经营瓷货生意，兼种地。张謇祖父张朝彦入赘吴圣揆家，所以张謇4岁进私塾读书起名吴起元。10岁改姓张，名謇。15岁那年，张謇曾冒籍如皋张驹之孙到如皋应试并考取秀才，当时改名张育才，字树人。后在通州知州孙云锦、师山书院院长王崧畦、海门训导赵菊泉的帮助下"改籍归宗"，冒名之事得到宽大处理。24岁，在吴长庆军中再改名张謇，字季直。50岁后，以啬庵为号，别人常称他啬翁、啬公、张季子。由于他排行第四，一些乡邻称他张四先生。

1874年，通州知州孙云锦调任江宁工作，张謇被孙云锦聘为书记，让张謇陪自己的两个儿子读书。从此，张謇开始了10多年的游幕生活。在南京的生活开阔了张謇的视野，结交了许多名人，扩大了社交范围。他通过孙云锦结识了凤池书院院长张裕钊、杨怀远等名士，使其文章大有长进。而张謇的才华和谦逊也得到师长认可。1876年，张謇23岁，入吴长庆幕府，担任机要秘书。吴长庆（1834～1884年），安徽庐江任，先后任直隶定海镇总兵、浙江提督、广东水师提督，他轻财傲物、礼贤下士，是淮军中的儒将。庆军幕游，对张謇的成长帮助很大，他参与机要，运筹帷幄，并接触了更多官僚政要。特别是1882年，29岁的张謇随吴长庆到朝鲜平息"壬午兵变"，张謇参与庆军的重大决策，帮助吴长庆较好地完成了任务。吴长庆对他很尊敬，也很欣赏，他评价张謇："在军中将近十年，淡于功利……举重若轻，何等识力器量，若不彰其功，哲人俊义无可求矣。"① 1884年，吴长庆因病去世，张謇回到故乡。1885年，张謇参加顺天府乡试，考中举

① 《张謇全集》第1卷，第11页。

人，名列第二。此次乡试由翁同龢、潘祖荫主持，张謇与二人结成师徒关系。1894 年，张謇奉父命参加慈禧六十寿辰恩科会试，高中状元，被授予翰林院修撰。这一年，发生了中日甲午战争，而张謇的父亲也病逝。张謇丁忧在家，已过不惑之年的他，在家国忧愁中，敏锐地感觉到工商业的重要性，他说："中国上下之势太隔；士大夫于商务尤不素究。但有征商之政，而少护商之法。西人常论：中国商人最工贸易；惜国不为保护，任其群起逐利，私作奸伪，不顾全局，以致百业皆衰。至护商之要，不如合众商之力以厚其本，合国与民之力以济其穷。今宜于各省设商务局，令就各项商务悉举董事，随时会议，专取便商利民之举，酌其轻重，而官为疏通之。"①

按理，张謇高中状元，应走仕途。但《马关条约》允许外商在中国办厂，"设厂自救"的社会舆论激励着张謇，他开始走上"实业救国"之路。据说，张謇不愿当官也与一次迎驾有关，张謇曾目睹大雨滂沱中慈禧对那些长时间匍匐在泥水中迎驾的满朝文武官员不屑一顾。现在父亲去世，他刚好名正言顺可以离开北京官场。两江总督张之洞也嘱咐张謇"邀集绅商，剀切劝导，厚集资本，就地设立纱厂，以副朝廷自保利权之至计"。② 这样，1895 年年底，张謇开始在南通筹办大生纱厂，他往来通州、海门和上海之间招商。广东人潘华茂，福建人郭勋，浙江人樊棻，江苏通州人刘桂馨，江苏海门人沈燮均、陈维镛愿意投资，是为"六董"。初步议定纱锭 2 万枚，集股 60 万两白银。大生纱厂在筹办过程中，遇到诸多困难，特别是资金十分紧张，樊、陈、潘、郭先后退董，张謇为筹资，甚至要到投水自尽的地步，"每夕相与徘徊于大马路泥城桥电光之下，仰天府地，一筹莫展。"③ 无可奈何之际，张謇想

① 《张謇全集》第 1 卷，第 37 页。

② 《张之洞全集》第 42 卷，第 1117 页。

③ 《张謇全集》第 3 卷，第 86 页。

把纱厂出租给上海的严信厚、朱幼鸿3年，但他们趁机杀价，出租告吹。在资金筹措无门，纱厂出租无望的情况下，一直支持张謇的沈燮均提出“尽花纺纱，卖纱收花，更续自转”的建议[①]，盘活了现有资产，使纱厂得以开工维持。截至1899年5月22日，大生纱厂收到商股现银17.83万两，另有折价官机25万两，地方公款4.17万两。5月23日，大生纱厂正式开车，棉纱以“魁星”为商标，“纱色光洁调匀，冠于苏沪锡浙鄂十五厂，凡业纱厂者，皆能言之”。[②] 产品主要供应通海地区土布织户和上海市场，销路很畅，到10月份，大生纱厂就走出资金困境，以后更是年年盈利，据统计，1900年至1911年，大生纱厂总计盈利约317.67万两，年均盈利26.475万两。大生纱厂能够开办成功并盈利一方面与张謇个人的主观努力分不开，另一方面也与产品质量和市场有关。通州所产之棉质地优良，“通产之棉，力韧丝长，冠绝亚洲”，日本棉商也评价通棉质量好，“中国棉花出产之众，首推通州，即通、崇、海三处，因花之性质，色白丝软，不难媲美于花旗，由此中外各纱厂乐于购用”。大生纱厂就近用棉，不仅保证了棉纱质量，而且节约了运棉成本。另外，南通土布业发达，主要销往东北，称关庄布。关庄布到19世纪80年代开始用洋纱织布，由土经土纬发展到洋经土纬，最后洋经洋纬。1904年，关庄布由年产销10万件突破15万件，年需机纱6万件，而大生纱厂年产不足3万件，所以其所产机纱供不应求。

1904年，张謇与兄张詧、王丹揆、恽莘耘、刘聚卿、林兰荪等商议创办大生二厂于崇明。1907年，分厂建成开车，张謇任经理。大生纱厂办成功后，张謇等拟订了庞大的发展计划：除一厂、二厂外，在海门增设三厂，在四扬坝设四厂，在天生港设五厂，在东台设六厂，在如皋设七厂，在南通江家桥设八厂，在吴淞设大生

---

① 《张謇全集》第3卷，第86页。

② 张謇：《承办通州纱厂节略》，《张季子九录·实业卷》卷1，中华书局，1931，第17页。

淞厂。但最后只建成大生三厂和八厂。4 个纱厂的纱锭总数 16 万多枚，比 1899 年增加近 7 倍；资本额 708.4 万两，比 1899 年增加近 15 倍；固定资产 919.1 万两，比 1899 年增加近 17 倍。[①] 为了解决纱厂原料、运输、资金、下脚料、机器维修等问题，张謇陆陆续续办了几十个企业，形成大生系统企业集团。见表 3－1：

表 3－1　1901～1926 年张謇所办企业简表

企业名称	创办年份	企业名称	创办年份
大生轮船公司	1900	大聪电话公司	1913
广生油厂	1901	惠通公栈	1913
大兴面粉厂	1901	大生公司	1915
大中通运公行	1902	通燧火柴厂	1915
大隆皂厂	1902	大达通靖码头	1915
大达内河轮船公司	1903	通明电气股份有限公司	1916
阜生蚕桑染织公司	1903	南通大储堆栈打包公司	1917
翰墨林书局	1903	海门大达趸步公司	1918
天生港大达轮步公司	1904	上海大储堆栈股份有限公司	1918
懋生房地产公司	1905	大同钱庄	1918
颐生酿造公司	1905	闸北房地公司	1918
泽生水利公司	1905	南通房产公司	不详
资生铁厂	1905	天生港发电厂	1920
资生冶厂	1905	淮海实业银行	1920
上海大达轮步公司	1905	南通绣品公司	1920
达通航业转运公司	1906	大达公电机碾米厂	1921
外江三轮	1906	新通贸易公司	1921
染织考工所	不详	南通交易所	1921
颐生罐诘公司	不详	南通实业总管理处	1922
通海实业公司	1907	中比航业公司	搁浅
大昌纸厂	1908	左海实业公司	搁浅
复新面粉公司	1909	中国海外航业公司	搁浅

① 《大生系统企业史》，江苏古籍出版社，1990，第 142～143 页。

续表

企业名称	创办年份	企业名称	创办年份
通海垦牧公司	1901	泰和盐垦公司	1919
同仁泰盐业公司	1903	合德垦殖公司	1919
大有晋盐垦公司	1913	耦耕垦殖公司	1919
大赉盐垦公司	1915	通燧盐垦公司	1919
华丰垦殖公司	1915	东兴垦殖公司	1919
大纲盐垦公司	1916	泰源垦殖公司	1920
大豫盐垦公司	1917	合顺垦殖公司	1920
大丰盐垦公司	1917	新南垦殖公司	1920
阜余垦牧公司	1917	遂济盐垦公司	1920
华成盐垦公司	1917	新农垦殖公司	1925
大祐盐垦公司	1918	中孚盐垦公司	
新通垦殖公司	1918	裕华垦殖公司	1922

资料来源：王敦琴：《传统与前瞻——张謇经济思想研究》，人民出版社，2005，第23~27页。

另外张謇还参与创办或筹划的企业有：耀徐玻璃厂、镇江开成铅笔厂、镇江大照电灯厂、中国图书公司、吴淞浙江渔业公司、景德镇江西瓷业公司、江苏铁路公司、海州赣丰饼油公司、上海中国实业公司、华商上海水泥公司。

张謇秉承“父实业，母教育”之宗旨创办许多学校，从1902年创办通州师范学校起到1920年，据粗略统计，张謇在通州地区亲手创办与筹办的学校和教育机构有：初等小学300多所、中学若干所、师范2所、职业学校10多所、高校3所。[①] 形成以师范教育为主，包括高等教育、普通中学、小学、专门技艺学校、职工学校以及幼稚园、教育馆等教育机构和设施的体系。1924年，他自己评价南通所产生的变化，有言：“吾通因世界之趋势，知文化必先教育，教育必先实业。于清光绪二十二年，即1896年，因南通棉产著名，首先创设大生纱厂。光绪二十八年，创立师范学校，以为

① 周新国、陈乃林：《江苏教育史》，江苏人民出版社，2007，第482页。

普及教育之基础。纺纱顺棉，须增产棉地，乃创设通海垦牧公司。有棉产地，须讲求改良棉种及种法，又创设农业学校，此校亦在省立农校之前。纺纱专门人才，又设立纺织学校，此校为全国所仅有。又设商业学校，南通实业逐年发达，各省旅学于南通各校者亦逐年加多，乃注重卫生，设立医校及医院。更进而有图书馆，有博物苑，有气象台。此南通已成立之文化事业也。"①

在张謇所有的事业中，可以看出，其原动力是大生纱厂，以大生一厂这个棉纺工业为龙头，涵盖了纺织、盐垦、航运、冶铁、面粉、榨油、酿造、油皂、造纸、印刷、玻璃等诸多行业，全面而系统，包括现代农业企业、商业企业和交通运输企业，当然这些企业都直接或间接为大生纺织企业服务。"南通实业，咸肇始于大生，故其对内对外往来，咸认大生为主体"②，而从 1899 年大生纱厂开工到 1926 年张謇去世，张謇"从事实业二十余年，组织各种公司，如纺织、盐垦等，以数十计，资本总额几达三千万元"，"江海之滨，恃以食者无虑数十万户，沾其教泽者无虞数百万人"。到 20 世纪 20 年代，南通已发展成为苏北地区经济中心，著名的模范县。荣德生说"昔南通因有张四先生，致地方事业大兴，号称'模范县'。如各县都能有张四先生其人，则国家不患不兴"。③ 张謇把南通建设成为"近代第一城"，其开路先锋之功不可没。

张謇办厂成功，与区域传统文化有相当的关系。从出身看，张謇的祖父、父亲都做生意，张謇从小就耳濡目染，成长于商业环境之下。张謇的家乡海门滨江临海，成陆较迟，公元 958 年设县，居民主要是外地迁移过来的，特别是常熟、苏州一带的移民最多，所以，海门地处江北，但语言属吴语系。张謇也是常熟移民之后，

① 《张謇全集》第 4 卷，59 页。

② 南通市档案馆：《大生企业系统档案选编》，南京大学出版社，1987，第 179 页。

③ 唐文起、马俊亚、汤可可：《江苏近代企业和企业家研究》，黑龙江人民出版社，2003，第 137 页。

“据通州张氏宗谱上所载，我们张氏，本来是江南常熟县的人氏。约在六百余年以前，适当元朝的末代，有一位名建字惟贤的，因躲避兵乱，从常熟名叫土竹山的地方，渡江迁移到通州的金沙场住下来，他就是我们第一世的迁祖。”[①] 滨江临海的自然环境加上移民社会的心理特征使得通海人具有一种顽强拼搏、不甘屈服而又开拓进取、不断创新的意志品格和善于经营的商业精神。通海地区的特产是棉花，这里是长江下游的冲积平原，土地肥沃，泥粒疏松，无霜期较长，特别适宜种棉。所产棉花纤维长，色泽洁白，富有弹性，是纺纱织布的优质材料。而在张謇创办纱厂之前，通海一带的土布业十分普遍，通海土布远销东北，有不少经营关庄布的商人，花纱布行业成为通州地区传统的工商业。但手工纺纱效率较低，一人平均日纺纱只有六七两，随着土布市场扩大，土纱逐渐不能适应土布生产之需，且土纱质量差，条干不匀，拉力不强，也妨碍土布的生产。1884 年，通海地区开始试用机纱，销路颇好。此后陆续出现了一批专销机制棉纱的纱庄，机纱逐渐代替了土纱。据估计，1895 年，通州纱庄每天销售的 12 支机纱已达 20 件，即 800 小包，这在当时差不多相当于一个 1 万锭纱厂的日产量。[②] 这为张謇办纱厂提供了一个得天独厚的市场。而张謇之成功，也得益于传统商人的支持，在他办厂最困难的时候，在他身边支持他的是布商沈燮均、刘桂馨，木商高清和典商蒋锡坤等通海本地商人，是他们在长期经商过程中所形成的宝贵经验帮助张謇渡过一个个难关，使大生走上健康发展之路。特别是沈燮均，张謇对他评价很高。张謇认为，其事业有成赖于不绝贤人助阵，功归“一兄一友两弟子”，其中兄指三哥张詧，友为沈燮均（字敬夫），两弟子即指江谦和江知源。

沈燮均（1841～1911 年），清代海门厅岁贡，住通州姜灶港。

① 张孝若：《南通张季直先生传记》，中华书局，1930，第 3 页。

② 《大生系统企业史》，江苏古籍出版社，1990，第 8～9 页。

张謇在1921年作的《南通县图志沈燮均传》中说，“謇为人言通纺业之兴归功于燮均，谓与共忧患屡濒危阻而气不馁志不折谋不贰者，燮均一人而已”。在1925年作的《致沈敬夫旧牍跋》中说：“所倚以为建设纺厂，独一敬夫，”“自丙申至庚子五年之间，余与敬夫殆无十日半月不通讯，中间历艰辛劳瘁，与所受人世之炎凉侮辱不胜数。”张謇说的“燮均一人而已”“独一敬夫”，便明白无误地昭示了沈燮均在张謇兴办南通纺织业的过程中所起的作用是任何人所无法比拟的。张謇又说“纱油诸厂，昔恃一友，今恃一兄”，沈燮均便是这个“一友”，“一兄”指张詧。沈燮均早年刻苦攻读，以图走上仕途，但“既长犹屡踬院试，久之，始隶学官为生员”，考上秀才费了很多周折。又经过多年努力，由于成绩突出，终于被选为岁贡，即取得了去国子监深造的资格。然而沈燮均却放弃了科举致仕的道路，“下海”经商，做起了土布生意。南通、海门家庭纺织业发达，而布商在其中起到了重要的推动作用，诚如张謇所说的“纺织业绾毂于商”。但当时官府向布商收取很重的“厘捐”，致布商连年亏本，这就沉重打击了布商的积极性，进而也就沉重打击了通海人民聊以为生计的家庭纺织业。沈燮均被众布商推选与官府交涉，申请减捐。沈燮均不孚众望，积极活动，但官府却始终不肯让步。

光绪九年（1883年），他找张謇相助。张謇为沈燮均作了《呈请代奏核减海门花布厘捐禀》，并“与敬夫理通海花布减捐”。经过努力，减捐终于成功。这次合作，使张謇了解了沈燮均，并且十分敬重沈燮均，两人成了终生好友。这件事至少还说明，早在张謇中状元之前，虽然他一方面仍在科举道路上拼搏，另一方面却已经注意到了地方实业的振兴，并且和地方上从事商业活动者建立了联系。光绪二十一年（1895年）九月张謇开始筹办大生纱厂，直到光绪二十五年（1899年）四月开车试生产，“首尾五载，阅月四十有四”。在此期间，招股困难导致的资金不足，始终是最突出和最困难的中心问题，多次使得大生纱厂濒临夭折。因为招股困难，张謇曾尝试了商办、官商合办和绅领商办三个方案，股东也几经更换。张謇“一再求助于江鄂二督及桂道及凡相识之人”，但成效却十分有限。署理江宁布政使桂嵩庆曾“许协助集股六七万”，盛宣怀亦曾答应代张謇筹集流动资金。但当大生纱厂工程开始，“用款日繁日紧，而各路许入之股不至”时，桂嵩庆答应的钱却“屡催不应”，盛宣怀同样是“久之寂然如桂”，张謇“屡催屡请执约，告急之书，几于字字有泪”。张謇旅沪时“不忍用公司钱”，“卖字自给，驵侩黠吏阴嗤而阳弄之者比比皆是；然而闻谤不敢辨，受侮不敢怒”。1899 年春，大生纱厂开工之前，张謇为筹集工程扫尾、装机购花、清付利息等费用，“奔走宁沪，图别借公款，不成；图援湖北、苏州例，以行厂机器抵借，不成；告急于各股东，不答”。而“上年汇款到期，若不还，则益失信用，后路且绝”。无奈张謇只好卖棉花应急。在四处碰壁的情况下，张謇再一次向江督刘坤一求援，此时张謇的处境是“哀于江督，则呼吁之词俱穷；谋于他人，则非笑之声随至”。在一筹莫展的情况下他只好向江督呼吁“另派殷富员商接办”，但“函牍再上”，回答却是“不可”，“及至开车，所恃为运本者仅数万金”，为勉强维持，张謇东挪西借，甚至以每月 1.2 分的高利向钱庄借贷。即使这样，到新花上市时，依然是“资本已竭，危险万状”。而沈燮均在其他人“次第观望委去”时，始终同张謇并肩携手，表现出格外的“忠介勤勉”。

这时的沈燮均已经是南通最大的布业巨商、创立同兴宏大牌的恒记布庄老板。沈燮均的布庄专运南通土布到东北三省行销。他所经营的土布，布质细、门面大、尺头足，营业额相当大。沈燮均为了支持张謇，破釜沉舟，把自己布庄的资金全部接济了大生纱厂，不足，又以布庄的名义向上海和南通钱庄透支巨款，转借给大生周转。沈燮均还利用他与通、崇、海花纱布商的紧密联系和自己在花布同业中的声望，动员棉花商、布商等向大生纱厂投资。不仅如此，由于沈敬夫精通商业，洞悉南通的棉花和纱销行情，还献计献策，协助张謇经营纱厂。沈燮均献计“尽花纺纱，卖纱收花，更续自转”，终于使纱厂渡过了难关，得以存续并有了以后发展的基础。大生投产后，张謇请沈燮均担任进出货董，掌管供销事务。张謇兄弟与沈燮均、高清、蒋锡绅等本地商人相结合，组成了大生领导集团，成为推动南通近代化事业的核心层。[①] 所以张謇评价沈燮均“始终忠勇可敬”。

2. 灿烂锡商

张謇先生曾比较过无锡与南通之区别：“较其大别：则曰无锡能自动而乏统一，南通能统一而乏自动。譬诸治室，通先画图计工度能而进；锡不必计工度能不待图而成。锡风气之开也较早，人各奋于自见，集财易而事较易举也。”[②] 也就是说，南通的近代化是张謇一人在推动，而无锡有一批人在奋斗。

明清时代，无锡成为长江下游著名的米市和布码头，商业发达，经济繁荣，交通便利，农产品市场化程度高，不仅为无锡近代工业积累了资金，而且也形成浓厚的工商文化，造就了近代无锡一批开拓进取、锐意创新、经营有方的民族工商业者。

前述洞庭商人在鸦片战争后开始转型充当买办，其实，无锡也有几个十分著名的买办如祝大椿、周廷弼、荣瑞馨等，由于得风气之先，他们充当买办开阔了视野，率先投资近代工业。

祝大椿（1856～1926年），字兰舫，江苏无锡人。怡和洋行及上海电气电车有限公司买办。他1872年到上海，在铁行当学徒。1885年左右开设源昌号，经营煤铁五金商业。后又经营海运业，购买轮船多艘，来往于新加坡、上海、日本及所经沿海各港口，并在上海经营房地产。1888年起陆续开办源昌机器碾米厂、源昌机器缫丝厂，合资开办华兴面粉公司、公益机器纺织公司、怡和源机器打包公司等。1908年因兴办实业，由清政府赏给二品顶戴。曾

① 高广丰的博客：《忠勇可敬沈燮均》，http：//blog.tianya.cn/blogger/post_read.asp？BlogID＝3833297&PostID＝34953785。

② 《张謇全集》第4卷，第149页。

任上海商务总会董事、锡金商务分会总理。晚年任上海总商会董事。祝大椿幼年丧父，生活贫苦，读书不多，16岁经人介绍先后在无锡曹三房冶坊、上海大成五金号当学徒。他在店中一面钻研业务、一面补习文化，满师后即深谙五金经营业务。光绪十一年（1885年）在上海苏州河附近开设了源昌商号，专营进口煤、铁、五金，兼营拆卖旧轮船，出售旧机器、旧钢铁等。在当时，尤其是拆卖废旧铁买卖，是一门本轻利重的暴利生意，由于他精心经营，并恪守商业信用，赢得不少外商的信赖，获利颇丰。当时，上海洋行以英国人开的怡和洋行实力最大，由于祝兰舫专搞旧铁拍卖和进口钢铁订购业务，经常代表铁行与洋行进行业务洽谈，因此与怡和洋行的买办关系相当密切。在他21岁那年，洋行买办建议他开创自己的事业。很快，自立门户的祝大椿以拍卖方式标进一艘过期英国旧商船，因为经验足、鉴别能力强，这一只轮船拆卸下来的材料，不少钢板、钢材还可以用在其他小型机件上，废料很少，尤其中间还拆下不少铜部件，价值大大超过原来的付出价，当时的铜价又很高，因此他发了一笔财。祝大椿后来居上，很快成为当时上海铁业的巨子。其后，他又购进多艘轮船，兼营海运业务，往来新加坡、日本、上海诸港口之间。上海的洋行赏识祝大椿，聘请他进怡和洋行当执行买办（即代办），这使他如虎添翼。利用自身的关系和条件，祝大椿自己先后开办了多家工厂，如光绪二十四年（1898年）他以独资40万两银子在上海闸北开设的日产大米两三千石的源昌机器碾米厂；光绪二十八年（1902年），与人合资创办的日产“天宫”牌面粉4800余包的华兴机器面粉公司；光绪三十年（1904年）以独资50万银两创建的源昌机器缫丝厂，以及后来开设的恒昌源纱厂、公益纱厂和新源昌丝厂，等等，比荣家开面粉厂、纱厂还要早十多年。这些工厂在当时可以算是新兴事业，加上祝兰舫经营有方，自然得利丰厚。光绪三十二年（1906年），他和怡和洋行合办了怡和源机器皮毛打包公司、公益机器纺织公司，这时他投资近代民族工业已达白银191万两。光绪三十年（1904年）

八月，他和周舜卿等30名绅商发起成立了上海商学会，光绪三十一年（1905年）又被公推为上海商务总会议董，锡金商务分会成立时，则被推为总理，并与周舜卿等发起成立锡金会所。在上海发展事业的同时，他不忘在家乡发展，先后在伯渎港、丁绛里等处开办了惠源米行、福裕堆栈、惠源面粉厂、福昌丝厂，建造了新宅，开办了学堂。还在浒墅关创办了华章造纸厂，在苏州创办了振兴电灯厂，在扬州创设了振扬电灯厂，在常州创设了振生电灯厂，在南通创设了振通电灯厂，在溧阳创设了振宇电灯厂，推动了苏南民族工业的发展。祝大椿热心地方公益和发展社会教育事业。他与丁仲裕合资创办了两所平民学校，在上海出资创设了无锡旅沪公学，并担任上海租界工部局华童公学校董。将伯渎港故居改为大椿小学堂，获北洋政府所颁的"敬教劝学"匾额，还先后资助建造无锡工运桥、通汇桥、大椿桥（兴隆桥前称）等。1913年，祝大椿在民族工商业的投资已近300万元，被推举为华商纱厂联合会议长，并选为华商公团成员赴日本参加电气博览会。1926年，祝大椿因车祸在上海去世，终年70岁。之后其事业由长子祝伊才继承。

周廷弼（1851～1923年），字舜卿，晚年号耐叟，无锡东埄人。周廷弼也是从上海起步，他先在上海利昌铁号当学徒，工作之余学习外语，偶然的机会结识英人帅初，不久即去帅初开设的洋行任职。1878年，帅初自己开设震昌五金煤铁号，委任周为经理。后帅初去世，本金由帅初儿子抽回，震昌由周独立经营。周廷弼又在震昌隔壁开设升昌铁行。1904年周廷弼在家乡创办裕昌丝厂，这是无锡第一家缫丝厂，所产"锡山"牌、"金鱼"牌丝主要销往法国，也是周廷弼投资工业的开始。1905年，周廷弼随载振到日本考察，回国后与常州买办刘柏森等人发起筹组上海商学会（全国总商会前身），任该会主持人。接着在家乡组建锡金商会、锡金农会，并任第一任会长。1906年，周廷弼集资50万两白银，在上海创设信成银行。从光绪二十六年（1900年）起，他在东绛置田数百亩，辟街道，造桥梁，建市房，设店铺，创办廷弼小学和商业学堂，改东绛为周新镇；并置义田千亩，立周氏义庄，救济族中老幼残疾者。1920 年，周廷弼又投资 5 万元，购置丝车 272 台，在无锡金钩桥开设慎昌丝厂。1923 年周廷弼逝世后，其家族企业继续发展，1925 年投资开设裕昌米厂，1928 年周廷弼之子周肇甫又投资 5 万元开设了鼎昌丝厂，丝车数 256 台。到 1930 年周氏资本在无锡缫丝总资本中占到 40%，仅次于薛氏。①

荣瑞馨（1872～1925 年），名瑞锦，以字行，无锡西郊荣巷人。1889 年奉父命到上海荣广大花号习业，该花号为其祖父荣剑舟开设，经营棉花进出口业务，为清末我国“四大花号”之一。1890 年进入外商丰泰洋行当行员，1900 年，充任英商鸿源纱厂代办，历时五年，后又任泰和、怡和洋行买办。1902 年，他与荣氏兄弟合资创办保兴面粉厂（后改名茂新），成了该厂的重要股东。他不仅具有从商的经验，而且积累了办实业的经验。1905 年他又与人合资创办上海振华纱厂和裕大祥商号。1907 年，在无锡与荣氏兄弟等人合资办振新纱厂。开办时有细纱机 28 台，纱锭 12000 锭，每日出纱 20 件左右，1908 年，荣瑞馨因投机股票失利，裕大祥商号倒闭。1915 年，他将茂新面粉厂的股份与荣氏兄弟在振新纱厂的股份交换。成为振新纱厂独资大企业主。荣瑞馨致富后，始终关心荣氏家族公益活动，特别对办学、育才，不惜一掷千金。1906 年荣氏兴办小学时，他是创办人之一。荣氏族长兴办新义庄时，他一次拿出 10 万银元，对于勤奋好学，有培养前途的青年人，给以资助。

无锡本地最早创办的近代工业是 1895 年杨宗濂、杨宗瀚兄弟开设的业勤纱厂，厂址设在无锡东门外兴隆桥。杨宗濂（1832～1906 年），字艺芳；杨宗瀚（1842～1910 年），字藕芳。杨氏兄弟的父亲杨延俊（菊仙）与李鸿章是同科进士并且“交谊最笃”。太

① 严克勤、汤可可：《无锡近代企业和企业家研究》，黑龙江人民出版社，2003，第 123 页。

平天国运动时，杨氏兄弟隐居无锡乡下荡口镇，白天摆个果饼小摊，晚上在油灯下苦读诗文，没多久，他们都进入李鸿章的幕府。杨宗濂后来官至布政使、按察使、长芦盐运使。杨宗瀚曾随刘铭传到台湾，总办台湾商务、洋务，兼办开埠事宜。后杨宗瀚被李鸿章电召到上海办上海机器织布局，1893 年因火灾而去职。甲午战争后，在张之洞的鼓励和支持下，杨宗瀚决定在家乡办业勤纱厂。业勤纱厂计划投资股本为 24 万银两，实际上只筹集到 11.3 万两，而杨氏兄弟投资了 8 万两，资金十分紧张。而那时厂房即将告成，订购机器已到，洋行催交机款，同时花本无着，营运资金全部落空，正是四面楚歌。[①] 山穷水尽之际，在江督刘坤一的帮助下，动用江苏积谷备荒款 10 万银两，解决了燃眉之急。杨宗瀚又变卖家中田产和妻女部分首饰，凑足 2 万两，又向亲戚朋友借到 2 万两，作为流动资金，这样才算解决了资金问题。1896 年冬，业勤纱厂开工生产，杨宗瀚还吸取上海机器织布局火灾教训，向欧洲订购了全套喷水器及上等灭火器材。在杨宗瀚的经营下，业勤纱厂业务非常兴旺，产品供应常州、江阴、镇江等地及本县市镇。业勤纱厂以生产 14 支粗纱为主，用“四海升平”作为注册商标，日产量 8000 余磅，年产量为 7500 件纱，[②] 产品供不应求。在随后的 10 年内，获利丰厚，共盈余 50 余万两。杨宗濂、杨宗瀚去世后，杨宗濂的儿子杨翰西与杨宗瀚的儿子杨森千为业勤的经营权发生争执，最后决定每隔 3 年轮流执政。1916 年，杨翰西另办广勤纱厂，投资 80 万元，雇用工人 2000 名左右，年产纱 8000 余件，以“织女”为商标。广勤获利甚巨，第二年即扩大再生产，后还增设织布车间。到 1930 年，资本增至 150 万元，纱锭 23040 枚，每年产纱 17000 余件，布 42000 匹，用棉量达 6 万余担。[③] 杨翰西还投资成立电话股份有限公

---

① 《无锡文史资料》第 7 辑，第 57 页。

② 《无锡文史资料》第 7 辑，第 57 页。

③ 《无锡文史资料》第 7 辑，第 63 页。

司、润丰榨油厂、广勤丝厂。其子杨蔚章在1936年创办广丰面粉厂，是当时无锡面粉厂中设备最为先进的工厂，出粉精度和纯度都较高。①

继杨氏兄弟之后，荣宗敬荣德生兄弟也在无锡兴办近代企业，他们创办经营的茂新和福新两大面粉系统及申新棉纺系统是中国抗战前最大的民营企业。荣宗敬（1873~1938年），原名宗锦，晚号锦园；荣德生（1875~1952年），原名宗铨，号乐农。荣氏兄弟的祖父荣锡畴在太平天国之前就以负贩为生，常常用小木船载运乡间土货到上海出售，又贩进沪上杂货回锡，以薄利谋生。荣氏兄弟的父亲荣熙泰（1849~1896年）11岁就外出谋生，年轻时进冶坊，做过帐房，掌握乐会计知识。1883年跟随太湖水师提督王青山到广东，经族叔荣俊业推荐，结识官吏朱仲甫，得到厘卡师爷的职位，开始小有积蓄。荣宗敬14岁那年，由父亲旧友介绍，夏天去上海南市铁锚厂学习，因伤寒返乡。第二年重返上海，到永安街源豫钱庄当跑街，专管无锡、江阴、宜兴等地汇兑收解业务。荣德生在15岁时，也由兄长推荐，到上海钱庄当学徒。兄弟俩做事认真，都受到钱庄老板的赏识。后来兄弟俩投资3000元，在上海鸿升码头自开乐广生钱庄。1901年，荣宗敬与荣德生及朱仲甫集资在无锡创办保兴面粉厂（后改名茂新面粉厂）。1905年，与荣瑞馨等人在无锡办振新纱厂。1912年，与王尧臣、王禹卿兄弟合资创办福新面粉厂。第一次世界大战期间是荣氏兄弟发展实业的黄金时期，1915年，创办申新纱厂，1917年起先后设申新二厂至九厂，到20世纪20年代初基本奠定“棉纱大王”、“面粉大王”的地位。荣家后辈在商界也是人才辈出，如荣鸿元、荣尔仁、荣毅仁、李国伟等。李国伟（1893~1978年）是荣德生的长婿，原名忠枢，无锡人，出生知识分子家庭。祖父是私塾先生，父亲是清末进士，但他自幼失去父亲。他后来考入唐山路矿学院土木工程专业，成为陇海

① 《无锡文史资料》第18辑，第97页。

铁路徐州分段的工程师。李国伟24岁时由堂姑夫、无锡商会会长华艺三介绍与荣德生的长女荣慕蕴结婚。与荣家结缘使李国伟开始他的实业之路。荣家决定在汉口创办福新第五面粉厂，1919年，李国伟全家迁往汉口参与该厂创办工作。一年后，工厂竣工投产，李国伟被任命为协理兼总工程师。福新五厂产品质量好，设备先进，成为汉口面粉厂之冠。到1925年，资本由开厂时的30万元增至100万元，日产面粉10800袋。李国伟为了解决面粉布袋问题，1922年又在汉口创办了纺织厂，是为申新四厂。抗日战争爆发后，他把企业分散到重庆、成都、宝鸡、天水等地，创建宝鸡铁工厂、宝鸡宏文造纸厂。抗战胜利后，他回到汉口，恢复了福五、申四。1947年，他在重庆购买原日商泰安纱厂改名渝新纺织公司。新中国成立后，李国伟由香港回到大陆，受到董必武的接见，曾任湖北省人民政府副主席等职。

无锡薛氏主要从事缫丝业。薛南溟（1862～1929年），是薛福成长子，曾任天津县、道、府三署发审委员，上海永泰洋行买办。1894年，薛福成逝世，薛南溟因此辞职回家，在无锡城乡独资开设了14家茧行。1896年，他与周廷弼在上海开设永泰丝厂，后由薛家独资经营（1926年搬回无锡）。1912年，薛南溟回无锡租下锡经丝厂，改名锦记丝厂，1914年，把该厂正式买下。1918年，薛南溟又买下隆昌丝厂。并在当年出资5万两，新建永盛丝厂。1920年，他又建永吉丝厂。薛南溟之后，其子薛寿萱主持永泰系统各厂，薛寿萱在缫丝业大胆改革创新，并在1930年组织通运生丝股份贸易公司，绕过外国洋行，把生丝直接运往国外销售。1935年，他又开始组织丝业托拉斯，投资组织兴业制丝有限公司，基本上控制了无锡的丝厂，永泰直接控制的丝厂达16家之多，丝车6000台，每日产丝85担，[①] 成了著名的“丝业大王”。

① 唐文起、马俊亚、汤可可：《江苏近代企业和企业家研究》，黑龙江人民出版社，2003，第95页。

无锡唐保谦、蔡缄三因合办九丰面粉厂、庆丰纱厂而成为无锡著名的唐蔡资本集团。唐保谦出身商人世家，蔡缄三出身官僚兼商人之家，他们是无锡由传统商人向近代企业转型的典范。唐保谦（1866～1936年），名滋镇，先祖为常州人，鸦片战争前迁到无锡定居。唐保谦的祖父唐景溪在19世纪初在无锡北唐开设了恒升布庄，周围农民可以到恒升布庄以土布换取棉花，同时也收购常熟一带农民的土布，然后贩卖到镇、扬等地，利润优厚。因安徽巨商曾为之题"时长"二字，寓意"时时贸易，长久合作"，所以，恒升布庄又改名"唐时长布庄"，是当时无锡四大布庄之一。唐景溪之子唐子良在太平天国1860年攻克无锡时避居无锡乡间严家桥，又开设春源布庄，生意依旧兴隆。唐氏利用经商之利润，在无锡东北乡购置田地6000多亩，设置了义庄"唐氏仓厅"，并规定唐氏后代"代不分田，田不出售，收入充善举"。[①] 唐氏还陆续开设同兴木行、同济典当、德兴仁茧行，唐子良与蔡缄三合办有永源生米行，成为无锡一大富商。唐保谦兄弟6人，有的读书当官，有的经商。唐保谦1904年到永源生米行任职，与蔡缄三相识，从此开始毕生合作并成为儿女亲家。唐保谦从到日本考察的哥哥那儿知道日本工业发达的情况后，深感搞实业、开工厂是世界潮流，因此1909年他与蔡缄三、夏子坪、孙鹤卿等9人集资10万银两，在无锡蓉湖庄锡山之麓创办面粉厂。因合股者9人，所以取厂名九丰面粉厂，有钢磨12台，日产面粉5000包，商标取锡山之麓谐音为"山鹿"牌。1915年，唐保谦投资经营了无锡第一家机制油厂——润丰榨油厂，1919年出资10万两创办锦丰丝厂，1920年在严家桥办利农砖瓦厂，1920年与蔡缄三等集资80万两开始筹办庆丰纱厂。唐蔡资本集团主要企业是九丰和庆丰，九丰面粉厂到20世纪30年代主要由蔡缄三的儿子负责，庆丰则由唐保谦和其子唐星海负责，所以社会上有"蔡九丰、唐庆丰"之说。

---

① 冯丽蓉、林本梓：《吴地实业家》，中央编译出版社，1996，第52页。

唐星海（1906～1969年）是唐保谦次子，留学美国麻省理工学院，专攻纺织管理专业。他回国后，对庆丰大胆改革，取消稽查处，废除工头制，建立以工程师为中心的工务处，成立庆丰纺织养成所、艺徒训练班等，培养专业技术人才和熟练工人。庆丰在唐星海的主持下企业发展突飞猛进，由1925年的纱锭16000枚、布机250台发展到1934年的纱锭62200枚、线锭4120枚、布机720台。[①] 抗战期间，唐星海把庆丰机器拆运到上海租界开设保丰纺织厂。抗战胜利后，唐星海出面收回九丰和庆丰，1948年抽资到香港创建南海纱厂。

唐氏另一著名人物唐骧廷（1878～1954年），名殿镇，是唐保谦的堂弟，唐骧廷与程敬堂多次合办企业，其中最著名的是丽新纺织印染公司，因此，他们被称为唐程资本集团。唐骧廷的父亲唐竹山经营绸布生意，唐骧廷继承父业，经营著名的九馀绸布庄。程敬堂（1884～1951年），名祖庆，父亲是木材商。程敬堂在九馀绸布庄先当学徒，后当店员，因而与唐骧廷熟悉。1918年，唐、程等人收买接办了冠华布厂改名丽华布厂。由于唐、程经营绸布庄多年，市场经验丰富，丽华布厂连年获利，后又办丽华二厂、三厂。1920年，唐骧廷、程敬堂开始筹办现代化的丽新机器染织整理股份有限公司，这是一家自纺、自织、自印染整理的全能企业，1922年12月11日正式建成投产。当时主要设备有木机200台、铁木机100台、新式英国铁机100台、纱线丝光机3台、丝光轧光机3台、染缸和日产3吨布的英国“法买诺顿”染整机1套，工人600名。[②] “五卅运动”后，丽新快速发展，唐骧廷召回在北京工业专科学校读书的儿子唐君远主持丽新。唐君远大力培训技术人员，废除工头制，改为工程师制，对丽新实行科学管理。到抗战前，丽新

① 唐文起、马俊亚、汤可可：《江苏近代企业和企业家研究》，黑龙江人民出版社，2003，第101页。

② 唐文起、马俊亚、汤可可：《江苏近代企业和企业家研究》，黑龙江人民出版社，2003，第108页。

注册资本达400万元，拥有职工2940人，日产细沙40余件，坯布2000多匹，印染布3000～5000匹，产品达40多大类，300多个品种。产品销售到东北、西北、西南、海南及东南亚各国。1934年，唐、程还集资20万元在无锡五河滨创办协新毛纺织股份有限公司，1935年底开工投产。抗战爆发后，他们把该厂设备搬到上海，命名为上海协新毛纺织染厂。抗战胜利后，唐君远与瑞士嘉基颜料厂订立7年包销合同，由协新厂独家使用嘉基生产的羊毛不蛀粉剂，生产协新不蛀呢，蜚声海内外。新中国成立后，唐君远支持国家建设，积极参与各项爱国运动。改革开放后，他让在香港的长子唐翔千回大陆投资。唐翔千带头在深圳做了第一个补偿贸易。又在新疆建成第一家合资厂——天山毛纺织厂，在上海合资创办上海联合毛纺织有限公司。

3. 相对暗淡的苏州商人

苏州商人本来是苏商的代表，但步入近代之后，大批洞庭商人东进上海，苏州本地工业倒显冷落，与邻近的无锡商人群体相比，显得暗淡无光。苏州第一家近代化工厂是苏纶纱厂，1895年开始筹办，由苏州状元陆润庠负责，1897年建成开车，安装纱锭18200枚，有工人2200人。苏纶纱厂几经转租，1925年由著名商人严裕棠等人承租，严裕棠任总经理，其长子严庆祥任经理。1927年严裕棠买下苏纶纱厂。严裕棠对苏纶大力改革，清除企业中的封建习气，生产开始走上正规，利润也很丰厚，1930年到1931年间，该厂年销纱2万余包，布11万匹，年纯利润达40万两之多。[①] 苏州另一家近代化工厂是苏经丝厂，与苏纶纱厂同时筹办，1896年开工试产，但也是转租多次，经营不善，1929年停产。苏州私人开办的工厂还有陆季皋等在1916年开办的振亚织物公司、陶耕荪等在1920年创办的东吴丝织厂、刘鸿生等在1920年创办的鸿生火柴厂。刘鸿生（1888～1956年），浙江定海人，曾任英商开平矿务公

① 《大隆机器厂的产生、发展和改造》，上海人民出版社，1980，第31页。

司买办。1920年，他成立华商鸿生火柴无限公司，任总经理，设总厂于苏州胥门外。为了打开销路，他采取跌价销售策略。为了同外商竞争，他提倡同业合并，一致对外战略。他说服荧昌、中华两个大厂与鸿生厂合并，1930年7月组成大中华火柴股份有限公司，资本总额191万元。后又收购九江裕生、汉口燮昌、芜湖大昌、扬州耀扬、杭州光华等厂。1934年，大中华火柴股份有限公司资本增至365万，年产火柴15万箱，占华中地区火柴产量的一半，成为全国规模最大的火柴生产企业。[①]

4. 金融界中的苏商

除苏州洞庭商人在上海外资银行充当买办外，江苏还有几位在全国影响很大的金融家，他们是江浙财团中苏商的代表，其头面人物是陈光甫、周作民和胡笔江。江浙财团指民国时期以上海为基地的江苏、浙江籍人士或江浙两省的大银行和大企业资本集团的总称，是中国最大的财团。银行资本集团以其金融实力成为这一财团的核心。它是第一次世界大战期间资本主义工商业发展，尤其是银行业迅速发展的产物。此前，一批江浙籍官僚、买办、商人创办和参加投资的企业与日俱增，辛亥革命前后，开始以地域观念为纽带，以公所、会馆为据点，表现出较强的凝聚力。代表人物有陈光甫、钱新之、虞洽卿等。江浙财团最早的雏形是宁波商帮。宁波自古以来有经商的传统，在鸦片战争之前，宁波是一个重要的贸易港口。上海开埠后，宁波港的地位急剧下降。而宁波商人利用地缘上的优势，纷纷抢滩上海。到1850年时，上海的外贸总额首次超过广州，跃居首位，贸易的发展带动了沙船运输业的兴旺。当时一艘沙船约需投资7000～8000两白银，价格高昂，非一般投资者可以承受。为筹措这笔资金，投资者往往求助于借贷，见其有利可图，部分比较成功的商人开始投资钱庄业。宁波商人从事商业活动的时间较长，资金较为宽裕，在这股开设钱庄

① 刘念智：《实业家刘鸿生传略》，文史资料出版社，1982，第18页。

的风潮中居于前列。清末时，在上海的宁波秦家，镇海方家、李家和叶家，慈溪董家，湖州许家，洞庭山严家和万家，苏州程家九大钱庄家族中，宁波籍（含镇海、慈溪）就占了五家。同时，以宁波商人为首开设的上海钱业公所，以及自身的同乡会组织——四明公所、宁波旅沪同乡会，构成了一个紧密的互助协调系统，把宁波商人的财力、人脉尽可能集中起来，从而确立了宁波帮在上海商界的支配地位。清末，钱庄向近现代银行的转化开始了，在这过程中，除了钱庄业与外资银行有了业务往来而渐受影响，以及新式工商业对钱庄只能产生新要求外，有两大事件对这个转化影响巨大。

1897 年，盛宣怀创办了中国第一家银行——中国通商银行，到辛亥革命前夕，中国通商银行的资本加上存款和发行钞票，可以运用的资金达到 1000 万银两，远远超过当时任何一家钱庄，这给了钱庄业以巨大的震撼。但与此同时，宁波籍的严信厚、叶澄衷、朱葆三投资于中国通商银行并担任总董，标志着钱庄业人士开始向近现代银行进军。1904 年，清廷户部尚书鹿钟麟奉谕组建大清户部银行，因国库空虚，邀请民间资本入股，原受邀的山西票号一致拒绝入股，结果使户部银行改由江浙绸缎商筹办。1908 年，户部银行改名大清银行（中国银行的前身），资本扩充至 1000 万两，大部由江浙商人掌握。同时，宁波籍商人又独立投资创建四明、浙江兴业、浙江实业、中华东陆、中华劝工、中国垦业、中国企业等一大批银行，借助原先在钱庄业积累的大量资本，使得上述银行资本雄厚，竞争力较强。在银行业务扩大的过程中，非宁波籍的商人和资本家与之发生了密切的交往，筹资的范围也逐渐由单一的宁波籍扩大至浙江、安徽、江苏籍。至民国初期，江浙籍人士控制的银行已成为上海金融界最重要的力量，江浙财团至此正式形成。

陈光甫（1880～1976 年），原名辉祖，后易名辉德，字光甫，以字行世。江苏镇江人。1909 年毕业于美国宾夕法尼亚大学，同年回国。1911 年辛亥革命后，任江苏省银行监督。1914 年转任中国银行顾问。翌年 6 月创办上海商业储蓄银行。1927 年任国民政府财政委员会主任委员，负责为蒋介石筹募军饷。同年创办中国旅行社。1928 年出任江苏省政府委员、中央银行理事、中国银行常务董事和交通银行董事等职。1931 年与英商太古洋行合资开设宝丰保险公司。1936 年 3 月，任国民党政府财政部高等顾问。1937 年，任大本营贸易委员会中将衔主任委员。抗日战争时期，历任国民参政会参政员，国立复兴贸易公司董事长，中、美、英平准基金委员会主席。1947 年任国民政府委员，并主管中央银行外汇平衡基金委员会。1948 年当选立法委员。1950 年陈光甫将上海商业储蓄银行香港分行易名为上海商业银行，在香港注册。他于 1915 年创办上海商业储蓄银行（以下简称“上海银行”），总行设在上海宁波路。当时上海银行的门面是很小的。资本名义上是 10 万银元，实际上仅凑集了 7 万元。人员仅 7 人，规模很小。陈光甫任总经理，兼营业、拉存款、跑工厂、搞放款，晚上回行还亲自为青年行员开班教书。而该行发展之迅速，在我国银行业中，却是首屈一指的。1917 年，该行专门设立储蓄处，除仿效钱庄做往来存款外，特别致力于小额银行储蓄存款的吸收。该行以“信用巩固，声誉卓著，提倡俭德，服务周到”为宗旨，特别注意加强对顾客的服务，如提出“服务顾客”“顾客是衣食父母”等口号，来促进行员改善服务态度；要求行员对顾客要有礼貌、要和蔼，“见什么人说什么话”，如果行员得罪了顾客，那就要受到一定的训诫。后来甚至规定，行员在柜台上不能吸烟，因为这是不礼貌的。当时一般钱庄对小额存款看不上眼，特别是对银元存款，是不给利息的。而上海银行认为多数小额存款反而比少数大存户稳定性强，因此它对于小数目的储蓄存款更加重视，特别提出一元即可开户，这在当时金融界是不屑为的。曾经有人嘲笑这是小银行的做法，拿了一百元要求开一百个存折，上海银行并不以此为耻，而是热情接待，更加扩大了对储蓄的宣传。以后陆续开办的有零存整取、整存零付、存本付息、子女教育储金、养老储蓄、礼券储金等。①

周作民（1884～1955年），原名维新，江苏淮安人。幼年在其父所设的学馆读书，1902年赴粤，入广东公学就读，1906年考取官费赴日留学，1908年在南京政法学堂任翻译。辛亥革命后，任南京临时政府财政部库藏司科长。1913年任北洋政府财政部库藏司司长。1915年辞职，到交通银行总行任稽核课主任，不久兼任芜湖分行经理。1917年5月创办金城银行，任总经理。他利用北方政治势力以及他与经济、金融界的广泛联系，业务迅速发展，在华北获得了与中国、交通、盐业三银行并列的地位。此后一直以该银行为事业的基础，逐渐成为金融巨子。金城银行1934年和1936年的存款分别达1.4亿元和1.8亿元，超过上海商业储蓄银行，曾为全国私营银行之首。周作民在经营方针上，模仿日本三井银行、三菱银行，以银行为核心，控制一些工矿、交通和贸易企业。抗日战争爆发后，被任命为国民党军事委员会农产调整委员会主任委员。1948年赴香港。1951年6月，在中国共产党的政策感召下，周由香港回到北京，受到周恩来总理的接见，并被特邀为中国人民政治协商会议全国委员会委员。1951年9月，任公私合营的“北五行”董事长，1952年12月，任统一的公私合营银行副董事长。

胡笔江（1881～1938年），谱名敏贤，名筠，字笔江。胡笔江兄弟6人，排行第四，因此当地乡境敬称“胡四（太爷）”。17岁时，胡笔江到姜堰镇裕隆元钱庄当练习生，3年师满后赴扬州仙女庙义善源银号当店员，通过几年磨炼，积累了金融业的工作经验。胡笔江此后结识了李鸿章之子及不少有名人物，如天津花旗买办王筱庵等。不久经人介绍，进交通银行北京分行，任调查专员。后经梁士诒提拔，从总行稽核、北京分行副理到1914年任北京分行经理。他主持行事，井井有条，营业猛增，成绩斐然。1821年离开交通银行，结识了南洋富商黄奕住，合议集资

① 《百度百科词条“陈光甫”》，http：//baike. baidu. com/view/79607. htm。

筹设中南银行。中南银行于1921年7月5日正式开业，黄奕住任董事长，胡笔江任总经理。“北四行”联营后，胡笔江任四行准备库总监。1933年，交通银行再次改组，胡笔江被宋子文指派为交通银行董事长。1937年7月，上海发起成立上海市各界抗敌后援会，胡笔江担任了该会委员。同年8月12日，胡笔江在上海电台演讲，动员广大爱国人士响应募捐，他自己以身作则，从财力物力上支持抗战。1938年，胡笔江从香港坐飞机前往重庆开会，途中遭日军战斗机追击，不幸遇难去世。

史学界研究近现代经济史，皆谓古代经济发达的苏州、扬州、镇江、淮安等地为何近代未能涌现出类拔萃的工业企业家？这些地区商品经济比较发达，货币资本积累十分雄厚，但新式工业却相对迟滞，不过苏州洞庭商人在近代上海金融界的崛起以及上述三位银行家刚好代表上述四个地区，这似乎昭示着区域工商文化传承的历史规律。

四　近代苏商的工商思想

近代苏商的发展受到区域工商文化的深刻影响，他们因此创造了一个又一个企业，繁荣了江苏经济，而苏商的创业活动又进一步丰富和发展了区域工商文化，梳理苏商的工商思想，有利于我们进一步认识和理解苏商的精神风貌。本节以刘国钧为例简要分析苏商的工商思想。

刘国钧（1887～1978年），江苏靖江人，继1917年创办广益布厂以后，1930年集资50万元接办大纶久记纺织厂，改名大成纺织染公司。由于经营得法，当年即盈余50万元，次年增资达100万元，1932年140万元，1935年200万元，1936年400万元。[①]

① 朱希武：《大成纺织染公司与刘国钧》，《文史资料选辑》第31辑，文史资料出版社，1962，第213页。

1945年抗战胜利后已达1500万元，[①] 1949年全国新中国成立时更达3000余万元资金。[②] 在旧中国经济很不景气的情况下，大成纺织染公司为什么能在这短短的一二十年间取得如此骄人的成绩呢？我们认为这与刘国钧的经营得法不无关系。

刘国钧是在"实业救国"的指导思想下办厂的。"实业救国"本是19世纪末南通张謇提出的。当时正值甲午战争失败和《马关条约》签订以后，西方列强凭借从《马关条约》中攫取的特权，纷纷向中国输出资本，企图控制中国经济命脉，扼杀中国民族经济。张謇为了维护中国民族经济，提出了"实业救国"口号。"实业救国"口号虽然最终拯救不了旧中国的悲惨命运，却鼓舞了广大爱国实业家纷纷投资创业，维护民族经济利益，对中国民族经济发展发挥了积极作用。刘国钧就是在"实业救国"口号的感召下走上实业道路，并以此作为其创办实业的奋斗目标。清末民初，刘国钧在武进奔牛镇开设了一家京货店，并附设一织布印染作坊。在第一次世界大战期间，西方列强忙于战争，暂时放松了对中国的经济压制。爱国实业家们便趁势兴起了一场"实业救国"运动，发展民族资本主义。同时日本帝国主义也趁袁世凯图谋复辟帝制，强迫袁世凯与之签订了企图灭亡中国的"二十一条"。消息一经传出，立即引起全国人民的反对。各地纷纷兴起罢工、罢课、罢市的"三罢"和广泛的"抵制日货"运动。刘国钧在"实业救国"运动的感召和"抵货"运动期间利好的刺激下，与蒋盘发合资9万元，在常州开办了大纶机器织布厂。1917年，他退出大纶厂，在常州独自开办了广益织布厂，拥有木机80台。1922年又开办了广益二厂，拥有木机180台，铁帽子布机36台，成为当时常州最大的一家民族织布企业。然而，西方列强在1918年结束了第一次世

---

① 史全生：《刘国钧》，《民国人物传》第5卷，中华书局，1986，第207页。

② 朱希武：《大成纺织染公司与刘国钧》，《文史资料选辑》第31辑，文史资料出版社，1962，第216页。

界大战以后，经过三年的休养生息，恢复了元气，1921 年开始又卷土重来，加紧了对中国的经济侵略。尤其是日本，早在第一次世界大战期间就利用欧洲列强忙于战争，无暇东顾的机会，锐意扩大对华侵略，这时利用它已攫取的在华优势地位，更变本加厉地肆意劫掠。1914 年日本在华投资包括在台湾的投资在内，总计 72438.2 万日元，至 1930 年已激增至 436131.8 万日元，① 16 年间猛增了 6 倍以上。棉纺织业是西方列强对中国掠夺的重要领域之一，因为中国人口众多，市场广阔，纺织工业又是当时中国最发达的民族工业，摧毁了中国的棉纺织工业，就等于摧毁了中国民族工业的支柱。因此列强纷纷在华开办棉纺织厂，大量倾销其棉纺织品，妄图占领中国的纺织品市场。1914 年日本在中国棉纺织工业的投资才 780 万日元，至 1930 年则猛增至 19565.3 万日元，16 年中增长了 25 倍。其中尤以上海为重点，当时日本在上海棉纺织工业的投资即达 14400 万日元②，占其在华棉纺织投资的 2/3 以上。外资棉纺织势力的疯狂入侵，给中国本土的棉纺织企业带来了严重灾难，因为外资企业具有资金雄厚、规模大、技术力量强、设备先进的优势，华资竞争不过外资企业。虽然这时也多次兴起民众爱国运动，不断抵制外货，给西方列强以沉重打击，然而由于旧中国政府软弱无能，不能保护本国的民族工商企业，同时，海关控制在外国人之手，仍无法改变华资企业的困境，纷纷减产、停产、破产倒闭。1922 年底，华商纱厂联合会不得不作出全体减产的决议，规定“自 1921 年 12 月 18 日起，停止（生产）工作四分之一，以三个月为限，届时设市面仍无起色，续停四分之一”③。即使如此，仍有许多相继破产，上海的华丰、宝成第一第二两厂、天津宝成三厂等多家纱厂被外商并吞，大中华、德大、利民等纱厂登报拍卖，福

---

① 杜恂诚：《日本在旧中国的投资》，上海社会科学院出版社，1986，第 6 ~ 8 页。

② 杜恂诚：《日本在旧中国的投资》，上海社会科学院出版社，1986，第 183 ~ 189 页。

③ 《华商纱厂联合会季刊》1923 年第 4 卷第 1 期，第 62 页。

成、久安、鼎新等完全关闭歇业[①]。刘国钧目睹此状，深为忧虑，“感到华商纺织业所以不得发展，主要是日、英商之排挤压迫”，华商要谋求自身的发展，只有奋起抗争。同时他也指出：中国的棉纺织业发展极不平衡，大都集中在较易开发的纺纱业，而印染方面则十分薄弱，外商“抓住华商缺少染色与印花之弱点，用棉纱、坯布抑价，色布抬价之恶毒办法，变本加厉，肆意排挤华商，因而华商纺织工业濒于摇摇欲坠之境地”。他认为华商若要谋求独立发展，与之抗衡，“必须在印染方面着手，才能与之抗衡”[②]。为此，刘国钧在1927年停歇了设备陈旧的广益一厂，全力经营二厂，并淘汰了旧式木机和铁帽子布机，购置了180台电动式布机，改进技术，先在织染领域站稳脚跟，与外商其中尤其是日商展开竞争，以谋求华资纺织业的独立发展。为与外商竞争，他专门组织力量对外商品牌进行研究，分析外商品牌的优缺点，然后有针对性的开创新产品，发扬自身优点，将其击败。当时日商的“铁路”牌绒布，由于质地柔软，穿着舒适，市场上十分畅销。刘国钧的“双兔”牌绒布竞争不过日商“铁路”牌，便对之进行研究，发现“铁路”牌虽然具有柔软的优点，但也有底板绒稀的缺点，不牢固，保暖性差。他即改进“双兔”牌的设计方案，在原料和规格上不断提高，使“双兔”牌新产品既具有“铁路”牌质地柔软的优点，又克服了其绒稀太薄的缺点，绒毛丰满厚实，深受消费者的青睐，从而夺回了被“铁路”牌占据的市场。为此，他与上海的进口商取得联系，约定“一旦有外货新花式样品寄来”，便高价售与刘国钧。刘即进行研究，然后发扬其优点，克服其缺点，“择消费者的喜

---

① 汪敬虞主编《中国近代经济史（1895～1927）》下册，人民出版社，2000，第1629～1630页。

② 朱希武：《大成纺织染公司与刘国钧》，《文史资料选辑》第31辑，文史资料出版社，1962，第213页。

爱”[①]，生产一种质量上乘的同类产品的新品牌。其“英雄”“征东”牌漂布就是这样创制出来的，很受市场欢迎。由此他一生中创造了一系列名牌，除上述各品牌外，还有“六鹤纱”和“蝶球”牌漂布、“大成蓝”色布等等，都深受消费者的喜爱，从而挽回了利权，堵塞了“漏卮”，也为他自己取得了高额利润。刘国钧在整染业取得成功后，便向纺纱业发展，以挽回当时很不景气的纺纱业。1930 年，他集资 50 万元（实收 40 万元），接盘了顾吉生的大纶久记纺织厂。这原是蒋盘发 1921 年集资创办的大纶纱厂，拥有纱锭 1 万枚，布机 260 台，开车未久，即遭纱市败坏，亏损累累，1925 年盘与沪商顾吉生，改名大纶久记纱厂，可在外商的摧残下，仍免不了亏损的命运，1930 年拍卖给刘国钧，将之改为大成纺织染公司。1932 年刘国钧将自己经营出色的广益布厂并入大成公司，改名大成二厂。1936 年，刘国钧见汉口的震寰纱厂受外商掠夺，已亏损停产 3 年，深感其机械设备搁置可惜，乃商定由大成公司租用震寰，大成出资 36 万元，震寰以厂房机械设备折抵 24 万元，改名大成三厂[②]。随后他又向瑞士订购了 32000 枚“里特”牌纱锭，1008 台布机，在常州建造了大成三厂，将汉口的大成三厂改名为大成四厂。然而，正当刘国钧为民族棉纺织工业的崛起而大显身手时，抗日战争爆发了。他响应国民政府的号召，将刚刚运到安装在大成三厂的 1 万枚纱锭和 300 台布机折迁到武汉，随后因上海沦陷，大批难民进入租界，无所依靠，他即将拆迁到武汉的纱锭布机转运至上海租界，招收难民，在租界开办了安达纺织染公司，陆续运到的瑞士纱锭布机也都暂时存于上海。1938 年武汉会战前，他提前结束了与震寰的合作，将分得的 200 余万元物资运抵重庆北碚，与卢作孚合作，开办了大明纺织染公司。1944 年抗战胜利前，

① 朱希武：《大成纺织染公司与刘国钧》，《文史资料选辑》第 31 辑，文史资料出版社，1962，第 217 页。

② 刘寿生、刘梅生：《震寰纱厂遭受帝国主义掠夺记》，《文史资料选辑》第 44 辑，文史资料出版社，1964，第 81 页。

他转道赴美国、加拿大，考察棉毛纺织工业，并向美国订购了 2 万枚纱锭、3 万担棉花，抗战胜利后回国积极恢复生产。至 1949 年，除上海的安达和重庆北碚的大明外，仅常州大成的三个工厂，已拥有纱锭 5 万枚，1180 台布机和日产 5000 匹花色布的印染设备[①]。至此，他“实业救国”的理想虽无法实现，却为中国民族棉纺织工业的发展作出了贡献。

在经营方式上，刘国钧所创建的以大成纺织染公司为核心的一系列新式企业，都是现代企业，因此也和当时所有的其他现代企业一样，实行专家管理，废除了封建工头制度，制定了新的文明厂规，各部门、各车间也都制定了各自的工作制度，如作息时间和操作章程，等等。除此之外，刘国钧还建立了一些自己所特有的经营管理体制。这些独特的经营管理体制主要有：

第一，融纺、织、染于一体，实行自纺自织自染“一贯”工程[②]。现代纺织工业都是实行专业化生产，即纺纱、织布、印染分别成为上游、中游、下游，各自独立而又相互紧密联系的生产部门，只有少数纱厂兼营织布，或部分布厂兼营印染。1927 年全国 72 家纱厂中，只有 24 家兼营织布，仅占全国纱厂的 1/3，而且布机只有 12109 台，平均每厂只有 500 台布机，而纱锭却有 2019588 枚，平均每厂拥有 28313 枚[③]。可见当时中国的纺纱业已经取得了相当发展。这种专业化的经营模式完全符合经济发展规律，经济越发展，分工越精细。这样有利于专业化的管理和技术上的改进提高，对提高产量和产品质量具有积极意义。西方列强为了侵占中国的棉纺织市场，摧毁中国民族纺织业，便集中力量打击当时中国比较发达的纺纱业和织布业，破坏中国棉纺织业的产业链，压低棉纱

---

① 朱希武：《大成纺织染公司与刘国钧》，《文史资料选辑》第 31 辑，文史资料出版社，1962，第 216 页。

② 史全生：《刘国钧》，《民国人物传》第 5 卷，中华书局，1986，第 205 页。

③ 汪敬虞主编《中国近代经济史（1895 ~ 1927）》下册，人民出版社，2000，第 1623 页。

和坯布价格，抬高棉花价格，致使各纱厂亏损累累，纷纷倒闭破产。刘国钧目睹这一形势，便专营织染，以避免外商在纱市和坯布市场的打击，而在花色布市场与之竞争。大成纺织染公司成立以后，虽然经营范围扩大了，进入了纺纱行业，但实行一体工程，其所纺之纱和所织之坯布不进入市场，而是进行自纺、自织、自染，以所纺之纱自行织布，以所织之布自行印染，其进入市场的终端产品依然是花色布。这在当时中国的棉纺织界是一个特有的经营模式。这一方面既避免了外商在纱市和坯布市场操纵压价的打击，同时也确保其所需棉纱和坯布原料的供应，减少了从棉纱到坯布再到印染的流动环节，缩短了其流转时间。其所纺棉纱和所织坯布的利润不与纱市与坯布市场分享，使肥水不流外人田，从而也节减了开支，减轻了坯布和成品花色布的成本，大大增强了其花色布的竞争力，有力地维护了中国民族棉纺织工业的发展，而且也壮大了自己。大成公司之所以连年盈余，而且盈余额度相当大，其中有相当部分是截留了本应由纱市和坯布市场分享的利润和佣金，将其转化成为了大成公司的盈余。当然，从表面看来，其纺织染一体的经营模式与现代专业化管理是不相符的，但实际上并不矛盾，因为这只是从总体而言，实行了纺织染一体，而各厂仍实行自己独立的专业化管理，单独核算，只是总公司必须对所属各厂有一个综合性的全面控制和管理，与现代化的管理并不矛盾。

第二，提高职工的福利待遇。这在其他企业是极为罕见的，也是大成纺织染公司与其他企业不同的一个特点。旧中国许多企业甚至现代的一些企业，为了减低成本，获取更多利润，尽量压低工人工资，降低职工待遇，加强劳动强度，降低劳动环境设施，结果适得其反，造成尖锐的劳、资对立，工潮迭起，严重干扰了企业的生产，影响了企业效益。刘国钧则相反，主张提高职工工资福利，以鼓舞职工的生产热情和工作积极性。他常对工人说：“工厂工厂，乃工人的厂，只有大家努力，才能办好工厂。你们的子女中学毕业，即可进厂当练习生，小学毕业可来厂做工，若干年后，全厂都是你们的子女，你们可以享福了。”他还对大成一厂的职工说：“大成一厂不是我刘某的厂，是江苏武进县大南门的厂，是地方事业[①]。”在制定职工工资时，他提出了三个“一些”的主张，即“将工资定得比同业略高一些，发福利略好一些，年奖多一些”。他认为这样熟练工人就不会跳槽，就会在大成长期工作下去。而且这样看起来工厂增加了开支，但是工人积极性提高了，热情高涨，生产提高的收益，将远远超过此数，“甚至有数倍、数十倍之收益”。因此，大成公司职工工资一般都比其他同类企业要高一些，而且每年都可加薪。在大成工作年数较长的老职员，一般工资都有两三百元。这在当时已相当于大学教授的工资了。此外还有“分红酬劳”“暗贴”等奖金。工作越勤奋，“酬劳”奖金越多，最多的一年甚至可拿到二三十个月的工资。每到春节，公司都要宴请职员、机工、“宕工”等主要职工，刘国钧向他们逐一敬酒，感谢他们一年来为大成公司的发展所作出的贡献。此外，工厂设有保健所，职工小病可免费治疗。职员住房有“房贴”，子女上小学学费可向厂里报销，中学学费亦可补贴一部分。对有培养前途的年轻技术员，可由公司出资出国深造[②]。而且，厂里办有食堂，建造了宿舍，办有大成小学，还建有大成公墓和公德堂。老年职工去世，厂里要为其开追悼会，对有贡献的老职工去世，厂里为其在公德堂树碑立传[③]。这是一种观念文化，企业的经营理念。其实刘国钧自己出身就非常贫穷。他父亲刘黻堂是晚清的一名穷秀才，以坐塾为业，因屡次乡试不第，精神失常，不能坐馆当塾师，靠其母亲给人家帮佣度日。所以他很小就开始拾柴和贩卖水果补贴家用，稍长即到靖江一家糟

① 民主建国会常州市委员会、常州市工商联：《刘国钧经营大成纺织染公司的经验》，《工商经济史资料丛刊》第3辑，文史资料出版社，1983，第160页。

② 朱希武：《大成纺织染公司与刘国钧》，《文史资料选辑》第31辑，文史资料出版社，1962，第219~220页。

③ 史全生、张士杰：《刘国钧经营大成纺织染公司的特点》，《南京大学学报》1987年第2期。

坊当学徒，由于人小受不了强体力劳动，转至武进奔牛镇的一家京货店当学徒，满师后即在京货店当伙计。所以他也是工人出身，对工人的苦难有切身体念。他给职工较高的福利待遇，是对广大职工的同情和爱护。在他创办实业的30余年里，正是全国工人运动最高涨的时期，可在他的厂里，从未发生过工人罢工，可见其与职工关系的融洽。当然他在提高职工工资的同时，对职工的生产也是有要求的，要求他们"质量好一点，产量高一点，成本低一点"①。

第三，广泛开展市场调查，了解消费者的爱好，生产适销产品，提高产品质量，增加消费者的满意度，不断开拓商品市场。刘国钧系经商出身，与消费者顾客有多年的直接接触，深知消费者是商家的上帝和衣食父母，市场才是企业家的广阔的天地。走上实业道路以后，他一直将市场作为另一个战场，不断开拓商品市场。为此他每到周末，就到各布店转悠，看顾客喜欢什么样的花色品种，这些品牌的花色图案如何，以了解市场行情。开办大成公司以后，他在上海设立了办事处，由精明强干的刘靖基任主任。同时在西南、西北各省设立销售处，进行直销，开拓内地各省市场，同时也免除了经销商的中间利润。抗战期间，在重庆设立了批发字号和办事处，以经销产品，了解市场行情；在香港开设大孚商行，经销原料；在昆明、河内、仰光等地设立办事处，调查市场行情。因而大成的市场十分广阔，其"蝶球"牌细布畅销东南亚各国。其"大成蓝"色布，由于"坯布好和颜色坚牢度好"，"畅销全国，订货有应接不暇之势"，在江浙、湖南、湖北和四川尤受欢迎。"元色斜羽绸"和"条子漂布"等，在湖南、天津、河南、广东、广西等地也"非常畅销"②。

第四，"稳扎稳打"的发展理念。刘国钧出身贫穷，他是在第

① 民主建国会常州市委员会、常州市工商联：《刘国钧经营大成纺织染公司的经验》，《工商经济史资料丛刊》第3辑，文史资料出版社，1983，第159页。

② 朱希武：《大成纺织染公司与刘国钧》，《文史资料选辑》第31辑，文史资料出版社，1962，第214页。

一次世界大战期间，以1200元资金的小京货店和家庭作坊起家，因此他经营企业十分小心谨慎。当时企业界许多人都参与交易所的证券物品买卖，有的也的确因此而一夜暴富，可他从不参与这些投机买卖。他认为，发财致富要靠自己的智慧和勤劳，而不靠侥幸。因此他脚踏实地，一心扑在企业上，挖掘潜力，提高产品产量和质量，向社会提供更多价廉物美的商品，以获取社会的回报，赚取正当利润。他获取利润后，也从不大手大脚，随意挥霍，"对各厂的用料、用物，以至运输、水电等精打细算，决不允许多用一分料，多花一分钱"①。工厂的盈余，除了拿出一部分用于职工奖励和股东红利外，大都用于资金积累。所以大成公司资金积累迅速增长，规模不断扩大，主要是依靠利润的积累。开始时，一些股东有不同意见，主张盈余应"按股分拆"。刘国钧则"力主增资"，用于扩大再生产。许多股东见刘国钧主持企业顺手内行，"公司前途大有可为"，也都"同意增资"，原先主张"按股分拆"②，扩大分红的股东们见此情景，也都改变了意见，同意增资，所以大成公司的增资迅速，规模不断扩大。

在生产管理上，刘国钧也和其他许多企业家一样，重视人才和新技术新设备，高薪任用了一批当时纺织界的精英人物，如刘靖基、陆绍云、朱希武、张一武等，其中刘任副总经理兼驻上海办事处主任，陆任总技师，朱和张也均担任高级职务。在机械设备方面，他深知"工欲善其事，必先利其器"，为此在1927年他淘汰了广益布厂的老式木机和铁帽子布机，安置了180台电动织布机。1930年他创办大成公司时，发现此前的大纶久记厂对各机件维护保养不够，造成各机件严重损坏，许多附属设备都不完善。虽然这时大成公司刚刚起步，资金十分短缺，但他仍坚持对各机件进行大

① 史全生、张士杰：《刘国钧经营大成纺织染公司的特点》，《南京大学学报》1987年第2期。

② 朱希武：《大成纺织染公司与刘国钧》，《文史资料选辑》第31辑，文史资料出版社，1962，第212页。

检修，添置了全部必要的附属设备。资金不够，他就自己垫款。到工厂开工时，他已垫款40万元，连他的广益布厂都作了贷款抵押。当大成公司取得新的进展后，又订购了当时世界一流的“理特”纱锭和新式布机，准备开办大成三厂，扩大生产。刘国钧在重视技术和人才方面，有他自己的特点。这主要表现为：

第一，在进口外国先进设备时，不放弃先进国家的二手设备。他认为，外国的最新技术设备固然很好，但其价格昂贵，对于规模大，资金雄厚的大企业来说没有问题，但对于如广益这样的企业和一开始即已垫借40万元的大成公司来说，未免力不从心，不得不着眼于二手设备。二手设备虽然比不上新设备，但对于经济技术落后的中国来说，依然有其先进性和使用价值。因为西方先进国家竞争激烈，工人工资高，科技发展快，机械设备更新快，许多机械设备半新即被更换。而中国贫穷落后，各工厂企业大都资本少，规模小，技术落后，工人工资低。西方国家的二手设备对中国来说仍具有其先进性，特别是价格便宜，只相当于最新设备的1/20，这对于资金短缺的中国企业来说，是很重要的。所以刘国钧除在1936年大成公司发展到鼎盛时期，订购了一批西方最先进的“里特”纱锭和布机外，其在初创时期和抗战胜利后恢复生产时，也先后从日本、美国进口了许多二手设备。这些二手设备同样为大成公司创造了巨额财富。

第二，在技术观念上，刘国钧特别重视应用科学和实用技术，以及有实践经验的技术人员。他高薪聘用的陆绍云、朱希武等人，都是有丰富实践经验的技术人才。在西方先进国家中，他比较看重日本的纺织技术。因为日本是西方资本主义国家中的后进国家，通过学习西方先进的纺织技术，建立了自己现代的纺织工业，是中国学习西方的榜样。而且日本是当时在华外资棉纺织工业势力最强的国家，对中国棉纺织工业的威胁也最大，是中国棉纺织工业的主要竞争对手。因此，中国必须先学习日本的纺织技术和经营模式，发展壮大自己，即所谓的“师夷之长技以制夷”。他说：“日本纺织业有许多资本主义经营方法”[①]，“日本厂商的经营管理讲求实效，节减工序，费用少，成本低”[②]，这些都是值得我们学习仿效的地方。为此，他在抗战前曾三次赴日本考察，甚至深入到盛产灯芯绒和丝绒的滨淞县农村，考察该县农民的割丝技术，还从日本买回了一套绉绒和灯芯绒的二手生产设备，聘请了一位日本技师来安装调试，开始了灯芯绒的纺织。刘国钧重视实用技术，不光是口头上号召提倡，而且带头刻苦钻研。他为了发展花色布纺织，从日本进口了一套二手八色印花车，并以重金聘请了日本技师和上海某印花厂工程师前来安装校验，可校验了很长时间仍然失败。德国的德孚洋行为了兜售其颜料，也派技师来帮助校验，亦未奏效。一些职工开始泄气，认为是从日本买回了一堆废铁，不能用，不用校了。可刘国钧仍不死心，认为这不是废铁，说：“日本人已将新车用旧，绝不是废物”，没有校验成功，主要是没有掌握其性能。因他参加了先前的历次校验，了解了校验的全过程，掌握了其基本技术，便决定亲自动手，主持校验，并抱定必成的信念，从上海请来了两位熟练工人，亦从厂里选派了一名技术员做助手，可接连数月还是没有成功。厂里的一些领导和工人不理解，开始闲言闲语，说人家工程师和高级技师都校验不好，花几十元一个月的工资请两个工人来就能校好（当时一般工人工资只有七八元）？可他不顾这些嘲笑，仍信心十足地坚持校验，苦心钻研，废寝忘餐，有时半夜里想起某个环节没有做好，就立即起身，在日记本上记下，然后翻阅资料，或到车间实地查验，有时搞得浑身上下都是颜料，甚至经常擦破烫伤，他都不顾[③]。如此一连数月，最后终于把八色印花车校验成功，投入生产，为大成公司创造了巨额利润。大成公司也是第一家

① 朱希武：《大成纺织染公司与刘国钧》，《文史资料选辑》第31辑，文史资料出版社，1962，第213页。

② 史全生：《刘国钧》，《民国人物传》第5卷，中华书局，1986，第204页。

③ 朱希武：《大成纺织染公司与刘国钧》，《文史资料选辑》第31辑，文史资料出版社，1962，第218页。

应用“盘头纱”技术的纺织企业，节省了纺织工序，降低了成本。

第三，刘国钧不仅重视专业技术人员，还十分重视对普通工人技术文化的提高。这也是他与其他企业家不同之处。刘国钧认为，办好工厂企业，专业技术人员固然十分重要，对解决生产中的难题，提高产品质量，具有十分重要的意义，但提高广大普通职工技术文化的水平，同样十分重要。因为职工在生产第一线，对生产工作效率的提高具有决定性的意义。而且工人人数众多，全公司有好几千人，如果每人通过技术文化学习，提高生产工作效率 1/100 的话，全公司就提高了好几千个 1%，其总和便十分可观。为此他在厂里设立了夜校，规定青年员工都必须隔日到夜校学习两个小时，由本厂工程师担任教师。课程有语文、数学、英语和“打图样”的制图课，尤其是“打图样”的制图课，与语、数、外一样，都是必修课，绘制了各种机械装置图例，学习了“打图样”课以后，一旦生产中出现机械故障，工人们即能自行排除，不致影响生产。青年女工每周也须上两次夜校，学习文化和技术知识，每次学习两小时。刘国钧为了培养技术员工的后备力量，还分别创办了练习生班、艺徒班和值车工养成所，先后招收练习生四五十人，艺徒班 100 余人，值车工、养成工 1000 余人。其中练习生班主要招收初中毕业以上的知识青年，由厂里的工程师任教，学习生产管理知识，学习期限两至三年，毕业后充任各车间的副职管理员。艺徒班招收小学毕业以上的青年学生，由厂里的技术员和老师傅授课，以学习各机械技术和文化知识，主要培养车工技术人员。值车工养成所则招收常州城郊的一些略有文化，勤劳朴实的女青年，学习一个季度以后，即充任挡车工人。此外，刘国钧还出资自行培养高级管理人员，先后选派由南通纺织学院毕业的技术员陈钧到英国留学，学习染色；练习生班毕业的优秀技术员缪甲三到美国留学，学习纺织。他们回国以后也都得到重用，被委以厂长职务。随着职工技术的提高，也大大提高了大成公司的劳动生产率。细纱车工由原来的一人管 25 木杆，提高到管 50 木杆。并条工由原来的一人看 7 眼提高到21眼，梳棉工由原来的一人看10台机器，提高到18台。效率普遍提高到2至3倍①。

刘国钧租办震寰纱厂，将之改组为大成四厂后，为提高大成四厂的生产率，抽调了一批大成四厂工人到常州大成二厂进行培训；同时也派遣了一批大成二厂的熟练工人，到汉口大成四厂，参加生产，完全按照大成一厂的管理体制组织生产。由此，大成四厂职工的精神面貌为之一变，生产效率大大提高，到1938年武汉战争吃紧时，刘国钧提前与之解除合约，在短短的2年时间内，已盈余400余万元。刘国钧分得了200余万元物资，到重庆与卢作孚合办了大明纺织染公司②。可见职工素质的提高，对企业发展所具有的重大意义。

五 近代苏商的教育事业

近代苏商在文化领域的重大贡献是投资兴办了一批近代化的学校。

近代苏商中从事兴学活动影响较大的是一批成功的商人。

南通“状元资本家”张謇不仅建议清政府创设工科大学、法科学堂、农务学堂和医科学堂，而且身体力行，在南通亲自创办了众多学校。据粗略统计，从1902年创办通州师范学校起至1920年止，张謇在南通地区亲手创办与筹办的学校和教育机构有：初等小学300多所、中学若干所、师范2所、高校3所。在南通形成了以师范教育为主，包括高等教育、普通中学、小学、专门技艺学校、职工学校以及幼稚园、教育馆等教育机构和设施的较完整的教育体系。③

① 史全生、张士杰：《刘国钧经营大成纺织染公司的特点》，《南京大学学报》1987年第2期。

② 朱希武：《大成纺织染公司与刘国钧》，《文史资料选辑》第31辑，文史资料出版社，1962，第214～215页。

③ 陈乃林、周新国：《江苏教育史》，江苏人民出版社，2007，第482页。

无锡荣氏企业集团代表人物荣德生的兴学活动从创业之初一直延续到暮年。1906 年荣德生出资将荣氏义塾改建为“公益学堂”，开始兴办新学。之后，公益第二、第三、第四小学相继兴办。到 1918 年，共兴办 8 所小学和 1 所职工子弟学校。1919 年，荣德生在无锡又创办了一所中等职业学校“工商公益中学”，该中学 1927 年因战争停办。同年秋，荣德生在梅园开办“豁然洞读书处”，招收“恂恂敦笃立志读书者十数人”，主要是荣氏子弟，专治国文、英、算、自然诸科，程度分初中、高中两组，学制两年。[①] 此外，荣德生为了提高所属企业职工的知识与技能，还先后开办了职工养成所、女工养成所、职员训练所和纺织业余学校，并资助出国留学生。1947 年，为发展工农业，培育高级人才，荣德生又创办了私立江南大学，聘请钱穆等著名学者担任教师，设立文学院、农学院和理工学院三个学院。1949 年秋撤院建系，改设“七系一科”，即工业管理系、数理系、机械系、电机系、化工系、植物生产系、农产制造系和面粉专修科。

无锡著名商人祝大椿，靠经营五金业务起家，1898 年创办了中国第一个华商机器碾米厂——源昌机器碾米厂，后又投资面粉、缫丝、纺织、电气、造纸、房产等业。至 1913 年投资在民族工业方面的资金近 300 万元，获得当时北洋政府颁发的三等、二等嘉禾章。他也热心地方公益和发展社会教育事业。民国年间，在家乡无锡与丁仲按合资创办 2 所平民学校，在上海出资创设无锡旅沪公学，并担任上海租界工部局华童公学的学董。还将伯渎港故居改为大椿小学堂，获北洋政府所颁的“敬教劝学”匾额。

另一位无锡著名商人周舜卿从小到上海利昌铁号当学徒，他利用业余时间学习英语，从而在商场上如鱼得水，到 20 世纪初便成为中国工商业资本家中屈指可数的百万富翁之一。他创办投资了众

---

① 《乐农史料选编：荣德生与兴学育才》，上海古籍出版社，2002，第 323 页。

多企业。1904 年，他在家乡东绛独资创办了无锡第一家机制丝厂——裕昌丝厂，使东绛成为近代工商业的新兴集镇。他也十分重视和关心家乡教育事业，曾先后独资开办小学、廷弼商业中学等学校。①

扬州金融资本家胡笔江是大型商业银行中南银行的总经理，又是官僚资本银行交通银行的董事长，是中国 20 世纪 30 年代金融界的耀眼人物。他在家乡邗江沙头兴办学校。1933 年，他出资 10 多万元，创办了竞生小学（校址在原沙头乡北三小学内），并亲自担任校董会董事长。该校经江苏省教育厅备案，学校师资力量很强，课程设置完备。学校除开设国文、算术、常识、唱歌课外，还设有图书馆、美术、劳作陈列室、医务室、饭堂、篮球场等，拥有留声机、矿石收音机、照相机等先进设备。胡笔江每次返乡，都到竞生小学看望师生，并对学生就业作了规定：凡是竞生学校毕业的学生，除有条件继续深造者外，其余均可至江苏农民银行供职。他除了创办竞生小学外，还计划创办一所中学，以后再创办大学，并为此而积极筹备，后因其遇难而搁浅。②

开办镇江扬州汽渡轮船公司等多家企业的镇江商会会长陆小波在镇江也参与创办了京江中学，并自任京江中学的董事长。1937 年 4 月 1 日，陆小波、冷遹和镇江著名商人严惠宇等组成校董会，创办私立京江中学（今镇江市第一中学）。9 月开学后，师生经常走上街头宣传抗日，并主办《救亡文辑》。镇江沦陷后，学校部分师生辗转江都、上海等地继续办学。③

除了大商人外，中小苏商兴学助学也很普遍。

李培田（1868～1914 年），字惠卿，号心农，镇江丹徒宝堰镇人。他子承父业，掌管家传铭记酒行。1913 年，在“兴办学堂”

① 冯丽蓉、林本梓：《吴地实业家》，中央编译出版社，1996，第 18 页。

② 王瑜：《扬州历代名人》，江苏古籍出版社，1992，第 241 页。

③ 周德藩：《江苏名中学》，江苏省教育委员会编，1993，第 331 页。

风气影响之下，为开发民智，繁荣地方，于宝堰镇创办私立丹徒县第三高等小学，不收学费，供学生食宿，由铭记酒行年支学校费用7000余元。开办之初，仅招收学生70余名，聘请了2位教师。尽管当时条件艰苦，但热心教育的李培田还是尽力倾囊捐资办学，他的诚笃言行和奉献精神，终于赢得了社会的认可和民众的赞誉。第二学期，学生数增至150余人，学校扩编为三个教学班。为了褒奖李培田在乡村开私人办学的创举，1922年，北洋政府以大总统的名义给他颁发了“敬教劝学”的匾额。①

吴县各镇最早设立的一批初等小学堂中有许多是由商人创建的，如席草商于1904年创办公立尚智初等小学堂；商人周福元于1906年创办公立焦山初等小学堂；纱缎业董事杭祖良、李文模、邹宗涵等于1906年创办公立初等商业小学。②

在苏北经济落后地区，商人捐资办学也多有涌现。1924年，连云港新浦出现了一所“普爱平民义务学校”，后来叫“新浦私立普爱小学”（今“建国路小学”），这是新浦地区现代学校教育的源头。普爱学校的创立者是一位在新浦开设医院的医生萧隐慈（四川人，学西医）。他和新浦在外地读书的几位爱国青年李在田、姜鸿铭、王敬五，会同新浦商人周宜轩、李少西、王瑞五、周砚伯、王子云、谌锡九及新浦第八工厂工人孙肖韩等组成了校董会，其中周宜轩借出了新建成的楼房作为教室，并由校董会集资，筹办了桌椅。③

还有些苏商不惜毁家兴学。如1920年开办的私立无锡中学是高阳先生遵循父亲遗志而创办的。高阳父亲名鼎炎，字秋荃，是上海大有油厂经理，秋荃常以少时未能多读书为憾事，一心想创办一所学校，为培植青年尽一份力。但此愿生前未能实现，临

① 周德藩：《江苏名小学》，江苏省教育委员会编，1996，第475页。

② 阎广芬：《经商与办学－近代商人教育研究》，河北教育出版社，2001，第232页。

③ 雪峰：《从普爱到新海》，2007年11月18日《苍梧晚报》。

死前嘱咐高阳完成。1920 年，高阳决定捐出家产，创办一所中学。他聘请唐文治、钱孙卿、侯保三、薛育津、何叔明、蔡兼三、高印川、俞仲还等 20 余人为校董，组织校董会，由无锡商会会长钱孙卿任董事长，高阳仅为校董之一。该校为完全中学，初高中年限各为三年。学生除来自苏南各地外，还有来自广西、贵州者，大都寄宿校内。抗战前夕，在校学生 500 余人，教职工 60 余人。学校课程，与上海交通大学相衔接，因此历届毕业生考入交通大学者，为数不少。而该校建校费用，除校董会筹集三四千元外，其余均为高阳私人所出。1920 年，开办时出资 5000 元，建新校舍时，出资 25000 余元，后因扩充校舍，添置设备，又陆续出资 2 万余元，先后共计 5 万余元，均以当时银元计值。为此，高阳先后卖去上海大有油厂全部股票，无锡三里桥同昌棉籽行全部资产，无锡通汇桥自有住宅一所，最后又卖去上海宜昌路自有住宅一所。全部家产，几乎变卖殆尽，悉数充作学校费用。①

近代苏商兴学活动，总体来说有这样一些特色。

第一，由低到高，循序渐进。近代苏商兴办学校，首先从小学入手，然后中学，由低到高循序渐进。盛宣怀的南洋公学，先有小学性质的外院，后设中学性质的中院。无锡荣氏先办公益小学，然后公益中学，然后梅园豁然洞读书处，最后江南大学。荣德生曾言："三十岁后，子女日众，乃与族中长者、乡间学者研究教育，咸以设学校、植人才实为地方之基础。于是先设公益小学，厥后毕业生徒有升学于外者，复加设高等小学。数年之内，毕业者日众，升学者固不乏其人，而入商界或习业者居多。数察其情形，或受经济之困难，或因年龄之幼稚，且任工商业较高之职务，似更非高小程度所足以应用。民六以还，无日不引以为怀。爰先筹基金，次及基地，复建筑校舍。"民国八年（1919 年）方告成功，

① 若溪：《高阳（践四）与私立无锡中学》，《无锡文史资料》第 1 辑，1980，第 105～109 页。

定名“工商中等中学”。[①] 有研究表明，私立中学在江苏占较大比例。20 世纪 30 年代初，江苏全省共有中学 123 所，其中私立中学占江苏全省中学的 43.5% 强。这些私立中学基本上是近代苏商捐资兴办的。[②] 从近代兴学的过程及变迁看，私立中学的创办，往往由创设小学起家，以后随着社会发展及形势需要逐步壮大，办学的重心则渐渐转移到中学甚至大学上。江苏私立中学的分布状况基本与经济与文化区域分布相一致，依次为南京、南通、无锡、苏州。反映出近代苏商比其他省份同侪对教育的认识更深刻。张謇是“父实业，母教育”的倡导者，1902 年他以大生纱厂利息投资于教育，创办南通师范学校，以后不断扩充，逐步发展成为包括小学、中学和大学等较为完备的教育体系。无锡竞志女学原先仅仅是一所女学堂，清末兼招师范和中学科，民国成立以后，其办学主体则渐渐转变到了中学上，1918 年则发展成为省款资助的女子中学。[③]

第二，重视兴办师范学校。1902 年，张謇在通州创建通州民立师范学校。张謇在中日甲午战争以后，认为欲雪国耻救亡，唯有普及国民教育，而普及教育的根本在师范。他认为“普及有本，本在师范”，“教不可无师，师必出于师范”，因而曾多次向有关当局建议请设师范学校。由于遭到一些人的反对，张謇决心“家可毁，不可败师范”，筹资自立师范学校。1902 年 6 月，学校在通州城南千佛寺旧址动工兴建，次年年初落成，张謇亲任总理（即校长）。学校设本科、简易科和讲习科，除为通属各县和江苏省培养小学师资外，还接受山西、甘肃、江西、安徽、陕西、四川等省选送来的学生。1910 年 8 月，通州民立师范学校改称为私立通州师

① 《乐农史料选编：荣德生与兴学育才》，上海古籍出版社，2002，第 264 页。

② 刘正伟：《督抚与士绅——江苏教育近代化研究》，河北教育出版社，2001，第 288 页。

③ 刘正伟：《督抚与士绅——江苏教育近代化研究》，河北教育出版社，2001，第 289 页。

范学校。辛亥革命后，南京临时政府曾评价通州师范学校的创办为“开全国之先河”。除了通州师范学校之外，张謇还陆续参与创办了10所师范学校：女子师范学校、乡村师范学校、甲种师范讲习所、乙种小学教员讲习所、盲哑师范传习所、单级教学练习所、幼稚园传习所（以上设在南通）、东台母里师范学校、淮属师范学校、南京高等师范学校（中央大学前身）。[①]

与张謇同时，通属如皋绅商沙元炳也两次赴南通与张謇等人研究办理公立师范学堂办法和章程。沙元炳（1864～1927年），字健庵，生于如皋一个世代书香仕宦之家。1891年乡试中举，1892年会试取为贡士，1894年殿试取进士。深得帝师翁同龢的赏识，经朝考合格，入庶常馆深造，结业后授翰林院编修。正当他准备一展抱负时，发生了震惊全国的“戊戌政变”。面对维新志士的鲜血，他以双亲年高为由，辞官回乡，从此致力于兴办实业，造福桑梓。作为一名维新派，他主张“启迪民智，御侮图强，洗雪国耻，振我华夏”。他在“实业救国”思潮的影响下，追随张謇创办实业。他向南通的大生纱厂、广生油厂、新生面粉厂、资生铁厂投资；还向上海的长江大达轮步公司、通扬内河轮船公司以及沿海各垦牧公司投资。在如皋，他于1895年集资创办广丰腌腊制腿公司，聘请兰溪师傅来如皋主持腌腊加工，所制火腿与金华火腿齐名，远销美洲。此后，他还集资创办皋明电灯公司、如皋公立医院、鼎丰碾坊、裕如钱庄和广生德中药铺等。辛亥革命爆发后，他被推举为如皋县民政长。1913年又当选为江苏省议会议长，他坚辞不就。他认为救国必须振兴教育，培养具有“事事之实”的专门人才。为此，他决心从兴办师范堂入手，首先解决师资问题。1902年9月24日如皋公立简易师范学堂借如皋公立高等小学堂部分房屋开学，开设简易师范科和师范传习所，各招诸生及义学教员25名予以短

① 苏云峰：《中国新教育的萌芽与成长（1860～1928）》，北京大学出版社，2007，第74页。

期训练，充任小学及学塾师资，沙元炳自任总理。[①] 同年底兴建校舍，1903 年 9 月，如皋师范学堂正式开学授课。如皋师范学堂是全国公立师范学堂中最早创办的一所。

当时初级师范学堂大体可分为官立、公立和私立三类，官立由省级财政负责，也有以旧书院学产维持者，一般不收学费；公立的以社会团体、行业公所出钱和杂捐收入为主，官府给予少量补贴，一般不收或少收学费；私立的则以义庄收入或私人捐资为主，收学费。张謇和沙元炳率先在全国设立的两所师范学校一为私立，一为公立，基本上是靠邑内商人的力量办起来的。

第三，兴办实业教育。近代苏商在兴学过程中，创办了一定数量的实业学堂。1906 年初，苏州纱缎业商董呈请创设公立初等实业学堂。经苏州商会代为转呈商部获准设立，学额 60 名，专收该业中商人 16 岁以内之子弟，分为本科、预科两级，不收学费。之后，经纬业和米业也相仿效，于 1907 年和 1909 年创办初等小学堂。1906 年，苏属常熟梅里镇也成立了梅里商业学堂。该学堂以商捐充商业学堂经费。张謇不仅注重师范教育，在实业教育也颇为倾心，先后投资创办农、工、商、医、水产与艺术等专门学校共 17 所以上，它们是艺徒豫教学校、铁路学校、纺织学校、江宁河海工科专校、河海工程测绘养成所、气象台练习所、工商补习学校、伶工学社、高等工业学校、工艺院、银行专修班、商船学校、农业专门学校、水产学校、镀镍传习所、绣工学校、蚕桑传习所等。[②]

无锡是近代江苏的工商业中心城市，无锡商人投资兴办了一批实业学校。1905 年，裕昌丝厂的周舜卿在家乡创立“商业半日学校”，荡口的华子唯等创办了无锡第一所职业女校——鹅湖女校。荣德生在兴办初级学校的基础上，又于 1919 年建成公益工商中学，

① 江苏省地方志编纂委员会：《江苏省志·教育志》下册，江苏古籍出版社，2000，第 694 页。

② 苏云峰：《中国新教育的萌芽与成长（1860～1928）》，北京大学出版社，2007，第 75 页。

学校设工科和商科两个专业。除基础课外，工科外加纺织、面粉、铁工3门课，商科增加工业簿记、成本会计、银行、珠算4门课程。在加强课堂教学的同时，学校还十分注重实践教学。学校为工科教学设立实习工场，为商科开办小银行、小商店，供学生实习。此外，无锡商人还普遍创办职员养成所和工人养成所，作为培养职员和提高职工素质的基本场所。最先创办职员养成所的是申新三厂。1928年秋至1931年，在工程师汪孚礼等人推动下，荣尔仁在原工商中学旧址先后创办了两期“申新总公司职员养成所”。养成所聘请曾留学英国的纺织专家沈泮元担任主任，招收高中、中专毕业生为学员，学期两年。培养办法为半读半工制。4年两期共培养出81名毕业生，大部分安排在申新系统各厂，担任企业重要部门和车间的技术管理职务。1929年，永泰丝厂开办技术管理和制丝技术人员练习班，招收具有初中毕业文化程度的练习生，学制两年半。前半年以课堂练习为主，后两年以实习为主。练习班前后共办8期，为薛氏集团培养了200多名专业人员。庆丰纺织厂的唐星海也认识到人才对企业的重要性，1930年，他在广勤二支路设立“私立无锡纺织人员养成所”，成为该厂培训纺织人才的专门基地。除了职员培训外，无锡近代商人也千方百计提高工人的文化和技能水平。永泰丝厂成立华新制丝养成所，共培训出3000多名缫丝女工。薛氏集团和薛寿萱本人能在20世纪30年代成为丝业大王，与这种大规模的培训工人不无关系。①

近代苏商花费巨额资金和毕生精力兴办各级各类学校，成果卓著，其影响是深远的。当今江苏教育事业的发达与近代苏商兴办教育筚路蓝缕之功是密不可分的。他们之所以热衷于兴学活动，既与社会大环境的变化有关，也与个人素质和经历有关，大致来说有这样一些原因。

首先，是时代使命感使然。“士农工商”，中国商人历来处于

① 严克勤、汤可可：《无锡近代企业和企业家研究》，黑龙江人民出版社，2003，第180～191页。

四民的末位，地位卑微。直到鸦片战争后，伴随着“商战”的口号，商人的地位才逐渐上升。专家研究表明，从 19 世纪末开始，到 20 世纪初，中国商人的地位明显发生变化。清政府不仅再三谕令各级官府保护和鼓励华商投资兴办近代新式企业，而且制定颁布各类经济法规，从法律上确立了华商自由经营工矿交通运输业的合法性。振兴商务和奖励实业成为社会舆论关注的焦点，在社会上掀起一股重商的热潮，商人地位也从以往的四民之末一跃而成为四民翘楚，并肩负着求强致富、救亡图存的重要历史使命。而与此相应，广大工商业者多少年来所固有的卑贱情节，也很快随之不解自开，并进而对自己所处的社会地位及其作用有了一个全新的定位。商人有言：“今日之商家，实操我民族存亡起废之权者也。”① 于是，商人长期以来因社会地位卑贱而积淀的自惭形秽为新的时代使命感所替代。怎样才能迅速有效地振兴中国的经济，完成时代赋予自己的使命，只有发展实业，而一部分商人很快认识到兴办学校培育人才与发展实业有着非常密切的关系。因为兴实业，必须开商智，而开商智就必须兴商学。苏州商人曾指出：各国强弱之分，文野之别，视全国人民就学之多寡为断。“时至今日，所谓商战世界，实即学战世界。”“商业之发达，由于开商智；商智之开通，由于设商学。”因此，必须“广兴教育，以培养人才”。②

与商人的要求相呼应，晚清和民国政府对私人办学也大开绿灯。1898 年 5 月，清政府颁布上谕：各省绅民如能捐建学堂或广为劝募，准各省督抚按照筹捐数目酌量奏请给奖，其有独立措捐巨款者，朕必予以破格之赏。③ 同月，总理衙门拟定《振兴工艺给奖章程》中，鼓励私人兴办实业和开办学堂。后来，清政府还把推广学校的实绩与考察地方官的政绩结合起来，并规定私立学校学生

① 朱英：《近代中国商人与社会》，湖北教育出版社，2002，第 13 页。

② 朱英：《近代中国商人与社会》，湖北教育出版社，2002，第 66 ~ 68 页。

③ 朱寿朋：《光绪朝东华录》（四），中华书局，1958，第 4126 页。

待遇等同于公立学校。当然，清政府对私人办学也有限制，只有办初等和中等学堂、实业学堂，不允许办高等学堂和政治、法律专科。民国成立后，不仅鼓励私人创办初等、中等教育，而且鼓励发展高等教育尤其是法律、政治教育。江苏省还采取了一些措施来保证私立学校的发展。1913 年 5 月，江苏省议会议决通过《江苏省款补助私立学校规程》，对江苏省私立学校因经费缺乏不能继续办理者，可依本规程之规定，请求省款补助。[①] 这些政策措施无疑为近代苏商从事兴学活动提供了制度保障。

其次，是自我价值的体现。时代要求只是一种外驱力，众多近代苏商兴办教育还与他们的个人素质与经历相关。笔者认为，这是一种自我价值的体现。不可讳言，商人首先是逐利的，投资实业，经商致富是他们的人生第一目标，这是发展中国资本主义所必须具备的精神素质，即马克斯·韦伯在《新教伦理与资本主义精神》所言“资本主义精神”。这种精神是把赚钱作为“天职”。总体来说，近代苏商投资教育、兴办学校是为他们的实业服务的，是为他们的企业提供高素质的人才，这种动机从他们兴办的一系列实业学堂的活动中得到充分反映。事实证明，这种经济与教育的互惠互动使近代苏商成就了在近代中国首屈一指的经济伟业。当然，投资兴学不仅推动了江苏地方教育事业的发展，而且使他们身上笼罩着亦商亦儒的光环，博得了良好的社会声望。因此，“经商”与“办学”就成了近代苏商的人生目标，是他们体现自我价值的最佳途径。荣德生曾自豪地说：我是一个事业家，不是一个资本家，我所有的钱全在事业上面，经常要养活数十万人，如果事业一日停止，数十万人的生活就要发生影响。所谓资本家，是将金钱放在家里，绝对不想做事业。据我所知，有人家里藏有金条 2700 余根，他绝不想投资到社会上面去，这是事业家与资本家的区别。[②]

① 阎广芬：《经商与办学——近代商人教育研究》，河北教育出版社，2001，第 91 页。

② 《乐农史料选编：荣德生与兴学育才》，上海古籍出版社，2002，第 489 页。

第四章　苏商发展的曲折

1927 年，蒋介石在南京建立国民政府后，开始建立官僚垄断资本，与民争利。1937 年，日本发动全面侵华战争，苏商举步维艰。1945 年，抗战胜利，随之而来的是蒋介石发动全面内战，通货膨胀严重，经济环境恶劣。1949 年新中国成立之后，开始社会主义改造，近代苏商被迫进行公私合营，其企业被赎买，1956 年近代苏商消亡。

一　苏商与国民政府关系的演进

苏商是江浙财团的主体，是南京国民政府政权赖以存在的基础之一。1926 年 11 月 7 日，蒋介石率领的北伐军三克南昌之后，急需军饷。苏商头面人物之一、著名银行家陈光甫就借款 50 万元给蒋介石。1927 年 3 月，以另一苏商代表人物著名实业家荣宗敬等 9 人为代表与蒋介石商谈，要求蒋解决关税自主、取消厘金和劳资对立等问题。得到蒋的保证后，即由他们与江苏财政委员会订立垫款合同，借资 300 万元给蒋介石，蒋由此发动清党与共产党人及武汉政府决裂。荣宗敬拍胸脯说："要铜钱用，我有……要多少，我出多少。"[①]以示对蒋介石的支持。苏商支持蒋介石主要是希望蒋成立

① 吴序光：《中国民族资产阶级的历史命运》，天津人民出版社，1993，第 92 页。

的国民政府对外反对外资入侵，对内阻止工农运动，以谋求资本主义工商业发展的有利环境。1927 年到 1937 年，面对南京国民政府贪得无厌的金钱要求，苏商颇有怨言，但不管怎样，他们对政府还是抱有一线希望。正由于这点，抗战期间一部分苏商内迁企业到大后方，积极支持国民政府。如无锡荣氏的公益铁工厂、常州刘国钧的大成第三纺织厂、南京范旭东的永利硫酸铔厂。这几个厂都是大厂，不仅充实了战时国家经济实力，而且保存了部分先进机器设备和高级技术人才，为战时大后方工业作出了贡献，也为战后生产恢复保存了部分力量。抗战胜利后，国民政府还都南京，包括江苏在内的沿海沦陷区重新回到国民政府手中，备受日本侵略者摧残的民族工商业获得恢复和发展的良好机遇。苏商本来以为可以大展宏图，从事建设，实现他们实业救国的梦想。可事与愿违，1945 年到 1949 年，他们中的大部分人逐渐对国民政府失去信心，由不满到绝望，最终背离了国民党政权。

1. 国家资本空前膨胀，与民争利，引起苏商不满

1945 年 8 月 15 日，日本宣布无条件投降。历时八年的抗日战争终于结束了，中国赢得反侵略战争的重大胜利。面对被战争破坏的国土，全国人民渴望和平，希望重建家园。国民政府先由陆军总司令部成立全国接收计划委员会和由各省主管军政长官主持的各省党政接收委员会。后行政院长又呈准蒋介石成立了行政院收复区接收委员会，但实际上由经济部主持工作。行政院成立了全国性事业接收委员会负责对敌伪产业进行接收，经济部先后颁布了《收复区工矿事宜接收处理办法》《敌国资产处理办法》《收复区重要工矿事业处理办法》《各收复区特派员办公处登记及接收工矿事业实施办法》以及《处理工矿事业应行注意事项》等法规；社会部拟定了《复员时期民营企业工资调整办法》及《劳资纠纷评断办法》。这些政策的主导思想就是力促各企业尽快复工，恢复生产。其中规定：重工业与有关重要民生的工业由资源委员会和中国纺织建设公司经营复工；民营工业，政府从资金、动力、燃料、原材料等多方面给予切实帮助，督促其尽快复工；奖励有功内迁厂矿，将敌伪产业由这些企业优先折价承购或承租。[①]

由于胜利来之突然，国民政府的接收工作出现多头并进、各方插手的局面。参加接收的有国民党中央各部和各省市党部、中央政府各部和各省市政府、军队各部和各方面军，形成党政军三条线的接收系统。参加接收江苏敌伪企业的单位有从中央到地方的党、政、军部门10余家，如军政部、海军总部、陆军总司令部、联勤总司令部、军统局、经济部、粮食部、农林部、苏浙皖区敌伪产业处理局、江苏省政府、江苏省田赋粮食管理处、江苏省党政接收委员会和南京市政府等。各接收机关，“一接再接，甚至三接四接”。南京农产化学工业酒精厂为南京最大的酒精厂，原应由经济部派员接收，但却为海军部抢先强行接收。[②]

战后敌伪产业的接收处理，留在人们脑海中的更多的是“五子登科”（房子、车子、金子、衣服料子、女子）和“三洋开泰”（捧西洋、爱东洋、要现洋）。那些接收大员们依仗权势，大肆掠夺，强占房产，收受黄金，此类事例不胜枚举。徐州接收官员蒋纪珂隐匿三羊公司、安清道义会的磨粉机12箱，还有满蒙毛织厂的大批机器漏查。苏州太丸工厂的“内存物资，接收移交时盗窃一空”。[③]《大公报》说接收大员的行径“几乎把京沪一带的人心丢光了。”蒋介石自己后来亦曾感慨：“我们的失败，就是失败于接收。”[④]经过接收，国营资本迅速膨胀。总计江苏全省（含南京）共接收敌伪产业150家，其中纺织工业14家，机械工业21家，化学工业30家，粮食工业21家，造纸工业5家，烟草工业2家，印刷

① 谭熙鸿主编《十年来之中国经济》，中华书局，1948，第93~96页。

② 孙宅巍、蒋顺兴、王卫星：《江苏近代民族工业史》，南京师范大学出版社，1999，第367页。

③ 孙宅巍、蒋顺兴、王卫星：《江苏近代民族工业史》，南京师范大学出版社，1999，第367页。

④ 宋希濂：《回忆一九四八年蒋介石在南京召集的最后一次重要的军事会议实况》，《文史资料选辑》第13辑，第15页。

工业1家，其他工业56家。[①]此外，还从敌伪工厂、仓库中接收了棉纱、棉花、人造丝、蚕丝、五金材料等大量物资。这些企业，除部分标售外，大部分变为国有。

战后国家资本膨胀主要表现在工业、交通运输业和金融业等领域。首先引起苏商不满的是纺织业国家资本的膨胀。1945年11月27日，宋子文在行政院第722次会议上提出，并经行政院正式通过决议，将敌伪纺织厂及其附属事业全部收归国有（两年后再归民营），专门设立中国纺织建设公司负责之。抗战胜利之初，企业家无不欢欣鼓舞，他们寄希望于庞大的敌伪产业，要求优先承购敌伪工厂，以弥补战时损失。纺织业既不属于政府独营的事业范围，也不属于必须与政府合资经营的事业范围，而且又直接关系到民生问题。毫无疑问，战后接收的日本棉纺织厂应该私营。荣家企业负责人之一荣尔仁向宋子文提出《接收日本纱厂及人造纤维厂的建议书》，要求由私人资本接办日本纱厂。但他们的愿望落空了，面对政府的决定，1945年12月1日，棉纺业同业联合会在重庆召开第十次会议，“到会会员对于政府决定将敌伪纱厂完全国营，深表诧异与不满，认为不特违背国家既定之经济政策，且系与民争利。石凤翔、苏汰余、萧松立诸先生尤为激昂。当场决议，呈请政府仍将敌伪纱厂交民营。”荣德生在《乐农自订行年纪事》中（1945年）也曾记述当时的愤懑不平：“没收大批敌伪产业，原皆我国人民血汗，被敌攫取，转而向我榨取倾销，作经济侵略之资本。今我一旦获此，洵属可喜，但日本纱厂接收后，全部改为国营，亦是与民争利，以后民营纱厂恐更将不易为也。”[②]中国纺织建设公司拥有全国纱锭数的70%、布机数的56%，棉布产量占全国的70%，垄断了全国一半左右的棉花收购、进口业务及纱布的销售、出口业

① 台湾中国国民党中央委员会党史委员会：《中华民国重要史料初编——对日抗战时期》第7编“战后中国”（4），1981，第292页。

② 黄逸峰等著《旧中国民族资产阶级》，江苏古籍出版社，1990，第575页。

务。中纺在江苏各产棉区遍设收花行庄，购进廉价的原棉供公司所属各厂生产，直接影响到江苏民营棉纺业的发展。

1946 年元旦成立的中国蚕丝公司总部设在上海，在江苏的苏州、镇江、常州、丹阳、无锡等地均设有分支机构或工厂、仓库。中蚕仅有丝厂一家，丝车 416 部，所营生丝占不到全国产量 5% ，[①] 但它垄断了春秋两季蚕茧贷款，控制茧行，操纵茧价和丝价，对江苏民营丝织业影响巨大。“中蚕”的存在引起民营丝绸业公愤，邻近江苏的浙江省在 1947 年由浙江蚕丝建设促进会、浙江省茧业联合会出面历数“中蚕”十大罪状，要经济部撤销该公司。

国家资本还千方百计侵入大生纺织企业。抗日战争爆发后，大生先是利用德商招牌企图保住企业。1938 年 3 月，日本占领南通，大生各厂陆续被日军接管。1940 年后，日本为了表示对南京汪伪政权“亲善”，开始“发还”军管工厂。大生各厂也在 1943 年被日军“发还”，由亲日派的大生董事陈葆初主持经营，直到抗战胜利。由于陈葆初属亲日派汉奸，因此大生各厂在战后被列为接收对象。国民政府经济部派了原大生官股董事洪兰友、陆子冬接收大生纺织公司及所属各厂。洪兰友试图垄断大生大权，日本投降时，大生纺织公司私股大股东股额占 32% ，官股占 23.6% ，其余都是零星中小股。大生资本集团中以张謇家族代表张敬礼为首的私股代表不甘大生企业拱手让人，对国民政府试图控制大生企业的图谋进行了斗争。这一斗争在 1946 年 5 月大生纺织公司的一次股东会上表现得十分尖锐、激烈。但张敬礼所持股票只占大股东股额的 7.5% 。基于此，张敬礼除了事先在董事会内尽量布置有地位、有声望的前辈如钱新之、李耆卿、许汉卿等为其支撑外，并拉拢其他私股及公司内的大小职员共同对付官股。此外，张氏家族又从“张季直先生手创教养事业复兴委员会”的经费中，抽出法币 4 亿

---

① 许涤新、吴承明：《中国资本主义发展史》第 3 卷，人民出版社，1993，第 621 页。

元，以“复兴委员会”及通州师范名义，购进大生股票数千股。在种种努力下，到1946年，张敬礼所能控制的股权已达总数的50%以上。在股东会改选董、监事时，张敬礼以16373权的最高数当选为董事，兼任大生第一纺织公司经理。[①]国民政府原先设想由洪兰友任董事长，陆子冬任经理以控制大生系统企业。但选举结果，洪兰友当选为董事长，陆子冬只任常务董事，洪、陆二人被拒于大生纺织公司的行政管理机构之外，未能掌握实权。国家资本控制大生的企图未能得逞。

战后国家资本的膨胀有其主客观原因。客观上是大量接收的日伪产业和物资为国家资本的发展提供了条件，主观上是国民党企图以此为其统治建立有力的经济基础。国营企业对于国民政府确有其不可替代的作用。中纺公司1947年的帐面纯利润为5932亿元，其中上缴国库4087亿元，每年无偿供应军用布匹300余万匹，价值超过1000亿元，并配售公教人员实物棉布。[②]因此，国家资本对于国民政府的意义不仅仅是个人或团体的利益，它对于维系整个国民政府统治体系的作用不可低估，这也是国民政府坚持国营的重要因素之一。但国家资本膨胀，必然挤压民营资本，导致苏商不满。

2. 国民政府对经济管制严酷、捐税繁多，导致民营企业举步维艰，让苏商倍感绝望

1946年6月，国民党发动内战后，军费成为一个无底洞。1947年，军费在国民政府财政中的比例达到60%，[③]消耗了几乎所有可用的资源。在收入有限的情况下，国民政府只有通过发行法币来维持开支。1945年8月，法币发行额为5569亿元，为战前的395倍。到1947年2月，则达到48378亿元，为战前的3430倍。

① 《大生系统企业史》，江苏古籍出版社，1990，第276页。

② 陆仰渊：《中纺公司的建立及其性质》，《近代史研究》1993年2期。

③ 吴冈：《旧中国通货膨胀史料》，上海人民出版社，1958，第153页。

1946年初，法币月增长1千多亿，而到1947年4月，月增发额已超过1万亿。[①]而物价上涨更是超过了法币发行的增加幅度。八年抗战，物价上涨倍数超过法币发行倍数的22.5%，而战后第一年即超过111.5%。造成钞票发得多，物价涨得快，并互为影响的恶性通货膨胀状态。[②]国民政府的财政收入1946年为19791亿元，支出为55672亿元；1947年收入138300亿元，支出为409100亿元。财政赤字高达60%以上。[③]政府财政已成为赤字财政，填补财政赤字的方法除了加大税收、出售黄金等措施外，就只能靠印钞票过日子，这是当时通货膨胀的根源。1947年2月12日，在蒋介石主持下召开国民党中常会，专门讨论金价、物价及经济混乱问题。16日，在国防委员会第218次常务会议上修正通过了《经济紧急措施方案》及其附件《取缔黄金投机办法》《禁止外币流通办法》和《管制金融业务办法》，规定："即日禁止黄金买卖，取缔投机"；"即日禁止外国币券在国境内流通"。[④]1947年7月18日，国民政府又颁布《动员戡乱完成宪政实施纲要》，11月实施《经济戡乱急要措施》，进行全面的金融和物资管理：实行外汇管制，明令禁止放款，检查银行钱庄，不准透支；搜查仓库，取缔囤积，垄断粮、布、油、盐、煤等重要物资。是为管制政策。1948年，随着国民党军队战场上的失利，国民政府在政治、经济、军事等方面面临越来越大的困难，为了挽救危局，国民政府对经济的控制不得不走向极端，实行严厉的限价政策。1948年8月19日，国民政府颁布了《财政经济紧急处分令》以及具体操作的《金圆券发行方法》《人民所有金银外币处理办法》《中华民国人民存放国外外汇资产登记管理办法》《整理财政及加强管制经济办法》等一系列法令。内容

① 吴冈：《旧中国通货膨胀史料》，上海人民出版社，1958，第95页。

② 中国科学院经济研究所等：《上海解放前后物价资料汇编（1921～1957年）》，第50页。

③ 杨荫溥：《民国财政史》，中国财政经济出版社，1985，第171页。

④ 陆仰渊、方庆秋主编《民国社会经济史》，第813页。

主要有：以金圆券为本位币，限期收兑已发行之法币及东北流通券，限期收兑人民所有黄金、白银、银币及外国币券，逾期任何人不得持有。金圆券采用十足准备制，其中40%为黄金、白银和外汇；金圆券每元法定含纯金0.22217克，含美元2角5分，但不能兑现；每元金圆券兑法币300万元，发行额以20亿元为限。[①]为了全面推行金圆券，国民政府实行限价政策，规定各类商品的价格一律冻结在8月19日的水平上，不再按生活指数发放薪资，禁止罢工怠工。同时以取缔囤积为由，规定各种货物的存期不得超过3个月，"囤积货物超过3月以上者，没收其现有货物，亦不得拒绝出售，违者依取缔囤积居奇条例究办。"蒋介石声称：《财政经济紧急处分令》"乃改革币制，稳定经济之必要措施，曾经长期缜密之研究，针对当前国计民生之迫切需要，而审慎订定。""须知中央此次改革币制整理财政，管制经济，为整个国家民族荣枯祸福所系。"[②]

管制政策实施后，民营企业在原料和销售等环节都受政府节制。在纱布销售方面，国民政府对纱布的管制，不仅管价格，也包括其运销范围。民营企业的纱布只有经管制机关核对后才得运往华南、华北、东北等地。申新系统上海、无锡各纱厂1947年度获准外运的棉纱只有14000件，仅占年产量的6%左右，获准外销棉布57000匹，仅占年产量的4%。[③]这同管制政策实施以前已不可同日而语。到全国花纱布管理委员会成立后，对棉花、棉纱、棉布全面管制，企业经营基本上没有回旋余地。荣德生气愤地说："且事事限制，不啻无形之桎梏！层层苛税，何异万民之锁链！社会何能安谧？事业何从发展？国家何由富强？当国政者，务望三致意也。"[④]

国民政府除了运用政策控制以外，还用提高税收、摊派公债、

① 史全生：《中华民国经济史》，江苏人民出版社，1989，第561~562页。
② 陆仰渊、方庆秋主编《民国社会经济史》，中国经济出版社，1991，第816页。
③ 许维雍、黄汉民：《荣家企业发展史》，人民出版社，1985，第23页。
④ 《荣德生文集》，上海古籍出版社，2002，第196页。

捐募等手段来搜刮民营企业，亦使苏商不堪重负。捐税的名目繁多，棉纱征收货物税，又按盈余额征收利得税及特种过分利得税。棉纱栈单再按发票金额征收印花税。1947 年 4 月 1 日，国民政府发行美金公债，硬性摊派，纺织厂每一纱锭摊派 4.477 美元。据 1947 年 5 月 29 日统计，荣氏申新第一、第二、第三、第五、第六、第七、第九 7 个厂共有纱锭 466204 枚，布机 3063 台，以每台折纱锭 15 枚计，合纱锭 45945 枚，总计纱锭 512149 枚，摊认美金公债 2292892 美元。[①]大生各厂共交美金 606692.87 元，其中半数以黄金、美钞与外汇缴纳，半数以棉纱折价抵缴，计缴棉纱 2000 余件。[②] 1948 年，上海征收“经济特捐”，大生各厂属上海区范围，按第六区棉纺同业公会会员每万锭认捐 10 亿元之规定，大生一、副、三厂共被派捐 135 亿余元。同年 8 月，大生因购买外汇享受“优遇”，又被按所购外汇额的 2% 派捐，共计 19900 多美元。除此之外，还有救济水灾、慈善募捐等名目。据棉纺织同业公会统计，1946 年，每万锭被摊派捐税法币 3 亿元；1948 年达 300 亿元，即每件纱要摊捐税 450 万元。[③]

国民政府的“八一九”限价政策和金圆券改革，对苏商来说，不仅仅是经济上的掠夺，而且他们饱受敲诈勒索，精神上受到极大的威胁。限价期间，1948 年 8 月 20 日至 10 月底两个多月时间，荣家申新各厂共售出限价纱近 3 万件，限价布 20 多万匹。10 月份棉纱平均市价为每件金圆券 1436.67 元，而限价为金圆券 707 元，每出售一件限价纱要损失 729.67 元，按此计算，3 万件限价纱损失金圆券 2180 多万元。10 月份棉布每匹市价为金圆券 48.83 元，限价布为金圆券 29 元，每匹布相差 19.83 元，20 多万匹限价布约损失金圆券 400 万元。总计申新各厂出售限价纱布共损失合金圆券 2580 万元。[④]

---

① 陆仰渊、方庆秋主编《民国社会经济史》，中国经济出版社，1991，第 837 页。

② 《大生系统企业史》，江苏古籍出版社，1990，第 284 页。

③ 《大生系统企业史》，江苏古籍出版社，1990，第 284 页。

④ 徐新吾：《上海近代工业史》，第 304 页。

荣鸿元更被判刑。1948 年 5 月 20 日，申新六厂因缺乏原棉，遂与上海盛亨洋行签订合同，购买印棉 1500 包。按照合同规定，须先付定金 20%（以港币支付），荣鸿元遂指派驻港代表购买港币。8 月 19 日币制改革后，国民政府以荣鸿元私自套购外汇嫌疑之罪，将荣鸿元关押。为了营救荣鸿元，荣家除了把金银外币全部兑换成金圆券外，还不惜代价到处行贿，上至法庭庭长、审判长，下至监警、伙夫，花费的营救费用约合美金 50 万元。[①]最后，荣鸿元被判有期徒刑 6 个月，缓刑 2 年，交保出狱。荣德生在《乐农自订行年纪事续编》中说："在狱用去费用不赀，精神、名誉、物质大受损失。侄之不慎，法之不法，可叹亦复可恨！天下之乱，自此始矣！"[②]而荣德生本人也曾于 1946 年 4 月遭遇绑架案，后查明纯系国民党军统特务和淞沪警备司令部串通主使的。绑架案破获的结果是荣家被军方警方索去酬金 60 余万美元。[③]刘国钧的大成纺织企业、刘靖基的安达纺织企业也被迫交出黄金美钞，"1948 年蒋经国到了上海，发行金圆券的同时，大量收买黄金、美钞，大成的黄金、美钞被扫一空，安达的也是如此，被扫一空。"[④]刘国钧说："金城银行的周作民是比较中立的，被蒋经国叫去，被监视了半天……弄得人心惶惶，大家都惴惴自危。照这样下去，我也有被蒋经国'传讯'的可能。大家认为我应该离开上海，以免遭不测。于是我决定离开上海去香港暂避，然后再作计议。"[⑤]庆丰纱厂的唐星海也对国民政府失望，先前被政府摊派到"黄金建设公债"20.5 万美元，限价政策期间又亏蚀好多，只好到香港去开办了南海纱厂。[⑥]

---

① 《荣家企业史料》下册，第 610～613 页。

② 《荣德生文集》，上海古籍出版社，2002，第 215 页。

③ 许维雍、黄汉民：《荣家企业发展史》，第 247～249 页。

④ 李文瑞：《刘国钧文集·传记卷》，南京师范大学出版社，2001，第 66 页。

⑤ 李文瑞：《刘国钧文集·传记卷》，南京师范大学出版社，2001，第 66 页。

⑥ 《中国资本主义工商业的社会主义改造》（江苏卷下），中共党史出版社，1992，第 36 页。

除了实业界，苏商在金融界占据高位并与国民政府关系密切的也未能幸免，同样遭到政府的洗劫。金城银行的周作民被当局告诫，最后如实上报外汇数目达“美金七八百万元之谱。”[①]陈光甫与蒋介石关系匪浅，他的上海银行仍有100多万美元被中央银行强行低价收购，面对蒋介石气势汹汹的指责，陈光甫痛斥蒋“辞令严厉，有若疯狂。”[②]

3. 苏商对国民政府的背离

苏商对国民政府绝望之至，而国民党政权也摇摇欲坠，面对人民解放战争越来越近的隆隆炮声，苏商喜忧参半，“斯时，人心有两派，一则以喜，一则以忧。”[③]他们不会跟国民党走，但对共产党也是充满忧虑。彷徨之际，大多数选择抽资迁厂出走香港或国外，用实际行动表明他们对国民政府的背离。

苏商最大的企业是荣氏集团，抽资迁厂比较严重。至新中国成立前夕止，被资方抽走的金银、外汇及实物，仅有帐可查的，折合20支纱5.2万件之巨，折合人民币2529万元（新币）。设备除迁广州1.8万锭外，在香港先后建立4个纱厂共11.36万锭，还迁台湾1.5万锭及织机600台，按每锭85美元计算，即达1000万美元。[④]并在巴西、菲律宾、泰国等地投资。申新总公司总经理荣鸿元及荣鸿三、王云程、吴昆生等先后飞港。申新一厂新中国成立前有3万新锭未及运沪，由王云程转运香港以2.5万锭组建南洋纱厂。其余运抵台湾。荣鸿元在新中国成立前出售了上海鸿丰二厂，转出资金40万美元。申新二厂荣尔仁控制的广州新厂，售出棉纱后多数套汇转港。荣尔仁在新中国成立后一度回沪，但不久再度离去。申新四厂的李国伟在当时也思绪万千。1948年初，宝鸡分厂2万锭新机进口时，因资金和许可证出现困难，贷款后在九龙设立九

① 《金城银行史料》，第885页。

② 杨天石：《海外访史录》，社会科学文献出版社，1988，第646页。

③ 《荣德生文集》，上海古籍出版社，2002，第218页。

④ 《荣家企业史料》下册，第669页。

龙纱厂。1949 年初将申新四厂托付英领保护，并将申四福五总管理处迁到广州。同年 10 月再迁香港。单是渝蓉两地分厂就转出资金约 60 万美元。[①]总管理处力主外迁的经理荣一心在飞港时坠机遇难，荣尔仁、唐熊源两经理则出走香港。但荣氏企业的另一创始人荣德生坚决反对迁厂逃资，力阻申新三厂和合丰的近 3 万锭迁台，并电令追回已发运台湾的电机。1949 年 2 月，荣德生与无锡商会会长钱孙卿还派钱钟汉等去苏北与中共华中工委陈丕显、管文蔚等取得联系，表示接受中国共产党的领导，愿为解放事业出力。无锡解放时，荣德生等把无锡工商自卫团的枪支弹药全部上缴给解放军，献军粮 10 万石、柴草 9 万担。[②]

还有的苏商犹豫不决，迟疑观望，如安达纱厂的刘靖基。1949 年 1 至 3 月，刘靖基两次去香港考察，准备到香港投资。但他担心在港设厂除了购买地皮外，还要拆迁安达纱厂的 5000 到 10000 枚纱锭和几百台布机，资金会有问题，前途亦很渺茫。4 月回沪后被汤恩伯胁迫限期飞港，终于在机场金蝉脱壳。1949 年 5 月 10 日，刘靖基在前往香港的飞机起飞前最后下定决心，决定留在上海静观其变。刘靖基几年后回忆说："当时对共产党既怀疑又害怕，存着看一看、轧苗头的心理。"[③]大生纱厂的张敬礼也于 1948 年夏天到香港视察大生南迁的准备工作。在香港，张敬礼遇到民革主席李济深，李济深劝张敬礼不要迁厂。[④]

在去与留难以抉择的时候，大多数苏商做了两手准备，即一部分去了海外，一部分仍留在国内。如荣氏家族的荣尔仁、荣鸿元、荣鸿三、吴昆生、吴中一、王禹卿、荣鸿仁去了香港、美国、巴西、澳大利亚等地，荣德生、荣毅仁、李国伟、华煜卿、厉无咎、

① 《武汉第三棉纺织厂厂志》，1984，第 44 页。

② 《中国资本主义工商业的社会主义改造》（江苏卷下），中共党史出版社，1992，第 7 页、第 20 页。

③ 《安达集团史料》，第 46 页。

④ 《大生系统企业史》，江苏古籍出版社，1990，第 297 页。

范谷泉则留在大陆；丽新纺织系统的唐翔千去了香港，唐君远、程敬堂留在上海；严氏家族有上海大隆、泰利机器厂、仁德纱厂、华丰钢铁厂、一大铁厂、苏州苏纶纱厂、裕苏实业银行、昆山振苏砖瓦窑业公司等企业，严裕堂、严庆龄、严庆瑞、严庆祺等去了巴西、中国的台湾和香港，严庆祥、严庆禧、严庆禄等留在上海。[①]而出走香港的苏商，也很少跟随国民党。他们经过我党的工作，一部分头面人物先后回国，如周作民，江苏淮安人，他是金城银行的创办人之一，著名银行家。蒋经国在上海主持发行“金圆券”时，周作民受到监视，规定他“不经批准不许离沪”。虽经多方疏通，但他总觉得上海是个是非之地，三十六计走为上。1948 年 10 月，他秘密离沪赴港。新中国成立后，我党多次派人到港做他工作，但他仍在港犹豫观望。1950 年 8 月，全国金融会议在北京召开时，周作民最后决定回大陆，担任金城银行董事长。[②]回国后，周作民积极推动金融业公私合营，并出任“北五行”（金城、盐业、中南、大陆、联合商业储蓄信托等五家银行）公私合营总管理处董事长。后被推选为全国政协特邀代表。刘国钧曾到台湾考察三次，最后觉得跟国民党没有前途，在香港一段时间，“思想上斗争很激烈。那时胆病突然发作，不得不进医院……我在病中得到大陆消息很好，思想上决定出院后就回去，并抱着再大干一番的雄心。”[③]1950 年春，刘国钧将香港东南纺织有限公司交给汉堃、汉栋，偕夫人回到内地，随即去北京会晤黄炎培，受到中央领导同志接见。1951 年，中国民主建国会在苏南地区筹建地方组织，刘国钧负责常州市的筹备工作。6 月，民建常州市委会成立。同年他建议创办常州纺织工业学院，培养人才。在“抗美援朝”运动中，大成共

① 李文杰：《中国民族工商业者的海外关系》，中国人民政治协商会议全国委员会文史资料研究委员会编：《工商经济史料丛刊》第三辑，文史资料出版社，1984，第 131～135 页。

② 《金城银行史料》，第 951 页。

③ 李文瑞：《刘国钧文集·传记卷》，南京师范大学出版社，2001，第 73 页。

捐献50亿元，刘国钧个人捐献2.65亿元，并主动将留存于上海、香港的毛纺工业献给国家。1954年4月，人民政府正式批准大成纺织印染公司公私合营，成为江苏地区第一批实行公私合营的企业。刘国钧任副董事长兼总经理。1953年第一届江苏省人民代表大会，刘国钧当选为省人民代表。1954年4月，刘国钧当选为江苏省工商业联合会副主任委员。1954年9月起，刘国钧先后被选为全国人大第一至五届人民代表；全国政协第五届委员；江苏省人大第一至五届人民代表；江苏省政协第一、第二、第三届常务委员和四届副主席。1956年，江苏省第二届人民代表大会召开，刘国钧当选为江苏省副省长。与国民党政权关系最为密切的陈光甫尽管没有返回大陆，但他也没有跟随国民党到台湾。1949年6月底，蒋介石派“戡乱建国动员委员会”秘书长洪兰友携他的亲笔信到港拉拢陈光甫，陈不为所动。他在日记中说：“政府向来予人以‘空心丸’，不知已有若干次，受者深知其味，今又再来一次，未免难受。”①陈光甫选择在香港定居并重建了他的上海商业银行。

抗战后，苏商对国民政府态度的演变表明国民政府不仅在军事上吃了败仗，而且在对待民营资本和企业家的政策上也有问题。而苏商对国民政府的背离一定程度上支持了中国共产党，他们态度的转变为新中国的建立及快速恢复国民经济保留了设备、资金、技术和人才，功不可没。

二　中国共产党的私营经济政策

中国共产党作为一个马列主义政党，其思想观点上是完全承认马克思列宁主义对资本主义的分析以及无产阶级与资产阶级“完全”对立的理论的。中国共产党根据马克思主义的阶级斗争理论，

① 邢建榕：《徘徊于新旧时代之门：1949年前后的银行家陈光甫》，见上海档案馆编：《档案里的上海》，上海辞书出版社，2006，第302页。

把从事私营工商业的商人称之为资本家或民族资产阶级，把他们的私营企业称之为民族工商业，在性质上定为剥削阶级。因此，中国共产党“一大”通过的第一个党纲中，明确提出“消灭资本家所有制，没收机器、土地、厂房和半成品等生产资料，归社会公有”的主张。①这种把资本家阶级当成革命对象，主张用革命的办法来消灭资本主义的思想，虽然在中共“二大”以后有所改变，但大革命失败后，资本家阶级转向了蒋介石，致使中共党内许多人士在较长一段时间里，仍然把资本家阶级作为敌人，“中国之反对帝国主义的、彻底变更土地制度的资产阶级民主革命，只有反对中国民族资产阶级，方才能够进行到底，因为民族资产阶级是阻碍革命胜利的最危险的敌人之一。”②甚至提出“没收中国资产阶级工厂”的激进政策。

此后，随着抗日民族统一战线政策的实施和策略的转变，中国共产党对资本家的认识和政策才逐渐成熟起来。1945 年，毛泽东在中共“七大”口头政治报告中强调：“我们这样肯定要广泛地发展资本主义，是只有好处，没有坏处的。对于这个问题，在我们党内有些人相当长的时间里搞不清楚，存在一种民粹派的思想。这种思想，在农民出身的党员占多数的党内是会长期存在的。所谓民粹主义，就是要直接由封建经济发展到社会主义经济，中间不经过发展资本主义的阶段。俄国的民粹派就是这样。”“他们‘左’得要命，要更快地搞社会主义，不发展资本主义。结果呢，他们变成了反革命。”“我们不要怕发展资本主义。”③当然，由于中国革命是走农村包围城市的道路，中国共产党长期在农村积蓄力量，无法对城市里的资本主义生产方式发挥影响，因此，中共对资本家的政策停

① 《中共中央文件选集》第 1 册（1921～1925），中共中央党校出版社，1982，第 5 页。

② 《中共六大政治决议案》（1928 年 7 月 9 日），《中共中央文件选集》第 4 册（1928），中共中央党校出版社，1983，第 170 页。

③ 《毛泽东文集》第 3 卷，人民出版社，1996，第 322～323 页。

留在理论层面，直到解放战争时期中国共产党进入城市，对资政策才有实际作用。也就是说，中国共产党此时对私人资本主义与资本家的认识还是原则化的，没有也不可能对各种经济成分的相互关系和政策作出具体的、系统的认识和规定。

解放战争时期，中共通过总结历史上的经验教训，制定和实施政治上团结和争取民族资产阶级，经济上保护民族工商业的一系列政策。这些政策影响了苏商并使他们中的大多数人留在大陆，参与新中国的经济建设。1949 年后中国共产党成为执政党，其对私政策由“保护民族工商业”到“利用和限制民族工商业”再到“改造民族工商业”，1956 年私营经济退出历史舞台，近代苏商消亡。

1. 保护民族工商业

1945 年 8 月日本投降以后，中国共产党开始接收一些城市。但是，由于当时没有经验，出现了破坏私营工商业的现象。1945 年 8 月 23 日，人民军队占领华北重镇张家口，这是抗日战争大反攻时从敌伪手中收复的第一个中等城市。张家口一解放，领导机关随即迁入城市，许多干部往城里跑，有些人随便乱抓乱买东西。针对此现象，中共中央明确要求人民军队“进入城镇以后，必须坚决地执行城市政策”，“保护城市工商业。”[①]

1946 年 2 月 5 日，中共中央给当时任华中分局书记的邓子恢发出了《关于对私人企业方针问题的指示》。[②] 3 月，中共中央在《关于解放区经济建设的几项通知》中要求各解放区“鼓励合作，提倡私人投资。”[③] 1946 年 5 月 4 日，中共中央发出《关于清算减租及土地问题的指示》（即《五四指示》），规定：“凡富农及地主

① 《中共中央文件选集》第 15 册（1945），中共中央党校出版社，1991，第 314 ~ 315 页。

② 《中共中央文件选集》第 16 册（1946 ~ 1947），中共中央党校出版社，1992，第 69 ~ 71 页。

③ 《中共中央文件选集》第 16 册（1946 ~ 1947），中共中央党校出版社，1992，第 106 ~ 107 页。

开设的商店、作坊、工厂、矿山，不要侵犯，应予保全，以免影响工商业的发展。”我们对待封建地主与对待工商业资产阶级是有原则区别的。“有些地方将农村中清算封建地主的办法，错误地运用到城市中来清算工厂商店，应立即停止，否则，将引起重大恶果。”1947年10月中共中央公布《中国土地法大纲》，规定：“保护工商业者的财产及其合法的营业，不受侵犯。”[①]但是，在土改过程中，在攻占城市过程中，各解放区都出现了侵犯私营工商业的“左”的偏向，并造成了严重的后果。1947年4月上旬至5月上旬，晋察冀野战军进行正太战役，在正太路沿线两侧连克正定、栾城、井陉、娘子关、平定、阳泉、寿阳等城镇，打通了晋察冀和晋冀鲁豫两解放区的联系。井陉、阳泉都是重要的工业城镇。可是当攻克井陉、阳泉时，部队、民兵、民夫和后方机关一齐上，乱抓物资，乱搬机器，因而使这些地区的工业“受到致命的破坏。”[②]1947年8月，人民解放军晋绥第三纵队攻克陕北神木西南的高家堡，进城部队对商人采取乱没收的办法。大小公私商号，大都没收。私商信义公全部财产充公；摆小摊的李某有十多匹布，亦被没收。导致高家堡市场萧条，除卖茶饭者外，几无商业可言。[③]造成恶劣影响。以至解放军进攻榆林时，不少商人主动自愿将其全部财产供给敌军，鼓励敌军坚守，并说：“被共军打开，亦得搞光，不如与榆城共存亡。”此类“左”倾错误不胜枚举，概括起来表现为三个方面：第一，在土改中侵犯地主富农经营的工商业，提出所谓“化形地主”问题。在彻底消灭封建的口号下进城逮捕地主，没收地主经营的工商业。第二，没收国家资本时，没收了一部分私营资

① 《中共中央文件选集》第16册（1946~1947），中共中央党校出版社，1992，第549页。

② 王炳林：《中国共产党与私人资本主义》，北京师范大学出版社，1995，第223页。

③ 王炳林：《中国共产党与私人资本主义》，北京师范大学出版社，1995，第225页。

本。不注意区分国家资本与一般国民党人员所经营的工商业资本。有的地方把国民党连以上军官和一般职员所办的私人资本作为国家资本加以没收。第三，在劳资关系中，工人要求过高的工资和待遇。资方付不起，工人就分完存货，致使工厂商店关门歇业。第四，税收和统制政策不合理。有的解放区对私营工商业征收重税，甚至对小本摊贩征收高税，有的占其营业利润的60%。①一些部队或地方为了自身的利益，时常发生随意没收、处罚工商业的情况，致使商旅裹足不前。对凡是赚钱的行业，各地政府就想统一管制，但统一管制的结果就是这些行业一律垮台。如晋冀鲁豫解放区的安阳水冶镇，原先手工卷烟业甚为发达，政府实行纸烟专卖后，全部关门。②这些情况引起了中央领导的高度重视。任弼时在其著名讲话《土地改革中的几个问题》中说："各地已发生有破坏工商业的现象。例如陕北神木地区的高家堡，当被我军收复时，连小商贩也没收了。这是一种自杀政策。"③类似现象在各解放区都曾普遍出现过。为此，在1947年12月召开的党的十二月会议上，毛泽东在《目前形势和我们的任务》报告中第一次明确提出"没收封建阶级的土地归农民所有，没收蒋介石、宋子文、孔祥熙、陈立夫为首的垄断资本归新民主主义的国家所有，保护民族工商业"的新民主主义革命的三大经济纲领。毛泽东还说："新民主主义的革命任务，除了取消帝国主义在中国的特权以外，在国内，就是要消灭地主阶级和官僚资产阶级（大资产阶级）的剥削和压迫，改变买办的封建的生产关系，解放被束缚的生产力。被这些阶级及其国家政权所压迫和损害的上层小资产阶级和中等资产阶级，虽然也是资产阶级，却是可以参加新民主主义革命，或者保守中立的。他们和帝

---

① 《彭德怀军事文选》，中央文献出版社，1988，第275～276页。

② 《中共晋冀鲁豫中央局关于工商业政策的指示》，《人民日报》1948年4月29日。

③ 转引自王炳林《中国共产党与私人资本主义》，北京师范大学出版社，1995，第226页。

国主义没有联系，或者联系较少，他们是真正的民族资产阶级。在新民主主义的国家政权到达的地方，对于这些阶级，必须坚决地毫不犹豫地给以保护。”[①]毛泽东在这个报告中还明确指出：新民主主义国民经济的指导方针，必须紧紧地追随着发展生产、繁荣经济、公私兼顾、劳资两利这个总目标。一切离开这个总目标的方针、政策、办法都是错误的。[②]

中共十二月会议以后，中共中央花费了一定的精力来纠正因胜利而滋长的“左”的倾向，1948 年 1 月 9 日，毛泽东对“高家堡事件”发出批示：我军到任何地方，原则上不许没收任何商店及要求任何商人捐款。官僚资本，在该地成为根据地时，亦只许由民主政府接收经营，不许军队没收或破坏。军队给养应取之于敌人仓库、地主阶级土地税及政府向商人征收之正当的营业税及关税。没收敌军官佐家属的财产，亦是完全错误的。高家堡破坏纪律的行为，应追究责任，并向全军施行政策教育与纪律教育。[③]此后，纠“左”全面展开，“最近几个月，中央集中全力解决在新形势下面关于土地改革方面、关于工商业方面、关于统一战线方面、关于整党方面、关于新区工作方面的各项具体政策和策略的问题，反对党内右的和‘左’的偏向，而主要是‘左’的偏向。”[④]这样，经过中共中央的努力，到 1948 年春基本上制止和纠正了各地出现的侵犯工商业的“左”倾政策，稳定了城市的社会秩序。这种纠正不仅使中共保护民族工商业的政策逐步充实和完善，而且为以后接管城市及在政治上争取民族资产阶级奠定了良好的基础。

2. 利用和限制民族工商业

在中共纠“左”以后，随着解放战争的胜利进行，党对“保

---

① 《毛泽东选集》第 4 卷，人民出版社，1991，第 1253 ~ 1254 页。

② 《毛泽东选集》第 4 卷，第 1256 页。

③ 《毛泽东关于我军在高家堡破坏纪律问题的批示》（1949 年 1 月 9 日），《中共中央文件选集》第 14 册（1948 ~ 1949），中共中央党校出版社，1987，第 3 页。

④ 《关于情况的通报》（1948 年 3 月 20 日），《毛泽东选集》第 4 卷，第 1297 页。

护民族工商业”的政策又有所调整，提出了“利用和限制”的政策。

1948年10月，毛泽东为一篇重要文稿的修改工作致信刘少奇，指出“就我们的整个经济政策说来，是限制私人资本的，只是有益于国计民生的私人资本，才不在限制之列。而‘有益于国计民生’，就是一条极大的限制，即引导私人资本纳入‘国计民生’的轨道之上。”当然“决不可以过早地采取限制现时还有益于国计民生的私人资本主义经济的办法”。[①]

1949年3月中国共产党召开的七届二中全会对此作了进一步的概括：一方面，在革命胜利以后一个相当长的时期内，还需要尽可能地利用城乡私人资本主义的积极性，以利于国民经济的向前发展。在这个时期内，一切不是于国民经济有害而是于国民经济有利的城乡资本主义成分，都应当容许其存在和发展。这不但是不可避免的，而且是经济上必要的。另一方面，中国资本主义的存在和发展，不是如同资本主义国家那样不受限制任其泛滥的。它将从几个方面被限制——在活动范围方面，在劳动条件方面。我们要从各方面，按照各地、各业和各个时期的具体情况，对于资本主义采取恰如其分的有伸缩性的限制政策。七届二中全会还指出：对于私人资本主义采取限制政策，是必然要受到资产阶级在各种程度和各种方式上的反抗的，特别是私人企业中的大企业主，即大资本家。限制和反限制，将是新民主主义国家内部阶级斗争的主要形式。[②]

这种政策微调表明毛泽东对私人资本主义，对资本家阶级的策略已经有了较为明确的认识和判断。虽然他强调得更多的是利用私人资本主义，认为对“私人资本主义限制得太大太死，或者认为简直可以很快地消灭私人资本，这也是完全错误的，这就是‘左’

① 《毛泽东年谱》（1893～1949）下卷，人民出版社，1993，第371页。

② 《在中国共产党第七届中央委员会第二次全体会议上的报告》（1949年3月5日），《毛泽东选集》第4卷，第1431～1432页。

倾机会主义或冒险主义的观点。”[①]但是其立场已经较多地转向“节制资本”。当然，毛泽东的讲话主要是提醒党内领导干部不要犯右的错误。在新中国成立前后的一段时间内，我党干部很好地执行了“发展生产、繁荣经济、公私兼顾、劳资两利”的工商业政策，较为顺利地实现了党的工作重心由乡村到城市的转变。资产阶级对这一政策是拥护的，他们说：“中国共产党实行保护工商业、执行劳资两利的政策，这是适合于人民要求的”，“完全符合我们的理想和一贯主张”。[②]“坚信中国共产党保护民族工商业政策在未来统一的联合政权之下，必然会更彻底的贯彻执行。”[③]这表明，中国共产党的保护民族工商业的政策，对一向爱国的民族资产阶级产生了强大的吸引力，奠定了中共在政治上争取资本家阶级的基础。

1949 年 10 月 1 日，新中国成立之际，中国共产党从国民党手里接收下来的中国经济，是一个生产凋敝、交通梗阻、贸易滞塞、投机盛行、物价飞涨的烂摊子。因此，新中国的首要任务是建设和巩固社会秩序，恢复和发展国民经济。在当时的国民经济中，私营工商业占着相当大的优势。以 1949 年计，全国私营工业有 12.3 万家，职工有 164 万余人，占全国供应职工总数的 54.6%；私营工业产值占 63.2%，而国营、地方国营的产值仅占 34.2%（其他为合作社营工业和公私合营工业的产值）。[④]至于私营商业与国营商业相差的比例就更大了。这说明，在国民经济恢复时期，商人的作用是不可否认的。但是中共对资产阶级的认识和政策经历了一个不断变化的过程。

早在 1949 年 3 月的中共七届二中全会上，中共在对民族资产

---

① 《在中国共产党第七届中央委员会第二次全体会议上的报告》（1949 年 3 月 5 日），《毛泽东选集》第 4 卷，第 1432 页。

② 《中国民主同盟历史文献》，文史资料出版社，1983，第 472 页。

③ 《中国民主同盟历史文献》，文史资料出版社，1983，第 494 页。

④ 孙健：《中华人民共和国经济史稿》，吉林人民出版社，1980，第 88 页；《中国统计年鉴（1984 年）》，中国统计出版社，1984，第 19 页。

阶级提出利用和限制的方针时，对资产阶级也作出分析：“中国革命在全国胜利以后，中国尚存两种基本的矛盾。第一种是国内的，即无产阶级与资产阶级的矛盾；第二种是国际的，即中国与帝国主义国家的矛盾。”虽然《共同纲领》对资产阶级和私人资本主义经济都有明确规定，但是中共的这种提法还是导致党内大批农民出身的干部，在转入城市后，往往不同程度地把资产阶级当作敌对的阶级来看待，限制、排挤以至打击私营工商业的事情开始发生。如在 1950 年 3 月的第一次全国统战工作会议上，许多代表在对民族资产阶级在建设新中国经济中的地位和作用，与其合作中的问题、公私关系和劳资关系，怎样进行工商界统战工作等问题进行讨论时都表露出一些严重的“左”的思想观点。中国人民银行总行行长南汉宸就提出“今天斗争的主要对象主要是资产阶级。是先公而后私，既然要壮大国民经济，就一定要排挤私营经济，现在斗争刚开始，他们要求划分经营阵地，要河水不犯井水，我们不答应，也不允许。”这种认识偏差导致 1950 年春，国民经济一度萧条。

在经济挫折面前，中共不能不对七届二中全会上的认识以及由此而制订的方针政策进行调整。1950 年 4 月，毛泽东在第一次统战工作会议的记录上批评了南汉宸的观点：“今天的斗争对象主要是帝国主义，封建主义及国民党反动派残余，而不是民族资产阶级。对于民族资产阶级是有斗争的，但必须是团结它，是采用既团结又斗争的政策以达到团结它共同发展国民经济的目的。”①李维汉在第一次全国统战工作会议的报告中，也强调“应该肯定，在今后一个相当长的时期内，团结民族资产阶级的政策是重要的和必要的。政治上必须团结民族资产阶级，因为封建主义和国民党反动派残余尚未肃清，帝国主义的威胁依然存在，必须团结他们反对共同敌人。经济上必须联合民族资产阶级，因为中国经济十分落后，要

① 《建国以来毛泽东文稿》第 1 册，中央文献出版社，1987，第 292 ~ 294 页。

把中国从落后的农业国家改变成为现代化的工业国家，必须尽量利用私人资本主义的积极性，认为可以不要团结民族资产阶级或提前消灭私人资本主义的想法，显然是错误的，应该加以批判和纠正。”①

1950 年 6 月，在中共七届三中全会上，毛泽东专门作了《不要四面出击》的讲话，指出“民族资产阶级将来是要消灭的，但是现在要把他们团结在我们身边，不要把他们推开。我们一方面要同他们作斗争，另一方面要团结他们。”②会议决定，全党今后的任务是以合理调整城市工商业为主要内容之一，为争取国家财政经济状况的基本好转而斗争。根据七届三中全会及有关文件精神，调整工商业政策的重点是调整公私关系、劳资关系和产销关系。在私营工业方面，扩大对私营工业的加工订货和产品的收购；在私营商业方面，扩大私营商业经营的商品品种，除粮、煤、布、食油、盐、石油六种商品由国营经营外，其他品种由私营商贩和小商贩经营。并适当调整零售与批发之间、产区与销区之间、季节与季节之间、原料与成品之间的价格比例，使私营商业有利可图。在劳资关系方面，规定应用协商的方式解决劳资纠纷，既要反对资本家不承认工人必要的民主权利，又要纠正工人对资本家提出过高要求，使劳资关系有利于生产的恢复和发展。在产销关系方面：逐步克服生产的无政府状态，力求产销平衡，以销定产。召开各种专业会议，商定产销计划，合理地分配产销任务，把私营工商业纳入国家计划的轨道。1950 年的调整工商业政策不仅使资本主义工商业渡过难关。而且还使其有了一定的发展。1952 年与 1949 年相比，私营资本主义工业的总产值增加 54%，私营商业的零售额增长了 20%。③

① 中共中央文献研究室编《建国以来重要文献选编》第 1 册，中央文献出版社，1992，第 147 页。

② 《不要四面出击》（1950 年 6 月 6 日），《毛泽东选集》第 5 卷，人民出版社，1977，第 23 页。

③ 刘勉玉主编《中国共产党经济政策发展史》，湖南人民出版社，2001，第 169 页。

应该说，中共七届三中全会通过的有关政策决议以及毛泽东在会上对民族资产阶级问题的表述是对七届二中全会所提“无产阶级与资产阶级”矛盾的补正。这无疑是正确的，实践证明，这种补正调动了商人的生产积极性，促进了国民经济的恢复和发展。

可是好景不长，在经济恢复的同时，各地陆续出现了商人和党政干部相勾结的重大经济贪污案，一定程度上验证了毛泽东所预言的“糖衣炮弹”出现了。因此，中共中央决定，在党政机关工作人员中开展反对贪污、反对浪费、反对官僚主义的“三反”运动。之后，又对商人阶层开展了一场反对行贿、偷税漏税、偷工减料、盗骗国家财产、盗窃国家经济情报的“五反”运动。毛泽东表示，一定要“借此机会给资产阶级三年以来，在此问题上对于我党的猖狂进攻（这种进攻比战争还要严重）以一个坚决的反攻，给以重大的打击，争取在两个月至三个月内基本上完成此项任务。请各级党委对于此事进行严密的部署，将此项斗争当做一场大规模的阶级斗争看待。”①运动中，毛泽东又说：“要抓住资产阶级的‘小辫子’，把它的气焰打下去，如果不把它整得灰溜溜的、臭哄哄的，社会上的人都要倒向资产阶级方面去。”②

在上述指导思想下，“五反”运动采取了大规模的群众运动的方式。试想，刚刚经历“三反”运动的广大党员干部，面对这场针对资产阶级的斗争，恐怕没人敢做落后分子。因此，中国民族资产阶级所受到的冲击，远远超出它本身所应当受到的指责和惩罚。

“五反”运动旨在打击不法资本家的“五毒”行为，打击的重点是少数“五毒”俱全的反动资本家，而不是立即消灭资产阶级、

① 《中央转发北京市委关于三反斗争的报告的批语》（1952 年 1 月 5 日），《建国以来毛泽东文稿》第 3 册，中央文献出版社，1989，第 21 页。

② 薄一波：《若干重大决策与事件的回顾》（上卷），中共中央党校出版社，1991，第 165 ~ 166 页。

排挤资本主义工商业。1952 年 1 月 21 日，中共中央在批准薄一波《关于中央一级机关反贪污、反浪费、反官僚主义运动的报告》中明确指出：对不法资本家的打击，这不是对民族资产阶级政策的改变，目前还是搞新民主主义，不是社会主义；是削弱资产阶级，不是要消灭资产阶级；是要打它几个月，打痛了再拉，不是一直打下去，都打垮。强调："民族资产阶级在《共同纲领》的基础上，所应有的政治和经济地位，仍然没有改变。"①江苏是资本主义工商业较为发达地区，苏商中的"五毒行为"也不少，其中不乏特别恶劣者。1952 年 2 月，江苏省各大中城市在各地增产节约委员会直接领导下，根据中共中央 1 月 26 日发出的《关于在城市中限期展开大规模的坚决彻底的"五反"斗争的指示》，纷纷召开动员大会，发动群众检举违法资本家的"五毒"行为。南京市在 15 天内，就收到检举信 14 万余封。无锡市在 1 个月内，收到工人店员的检举信 2.4 万余封。②由于运动来势快，范围广，又限期展开。因此，引起整个资产阶级的惶恐与不安，由此带来了对经济发展的不良后果：市场萧条，内外交流和城乡交流停滞，私营工业大批歇业，私营商业不卖货，国营对私营不收购、不批发、银行不贷款等现象，劳资关系和公私关系也十分紧张。相应而来的是工业生产下降，税收显著减少，政府财政经费受到影响。这些问题引起了中共中央的重视，很快，"五反"运动便温和地结束了。据南京、无锡、苏州、扬州、徐州等 11 个城市工商户分类统计，守法户占 30.8%，基本守法户占 52.5%，半守法半违法户占 15%，严重违法户占 1.4%，完全违法户占 0.3%。③

毛泽东也发表了讲话，指出"五反"的目的绝不是要消灭资产阶级，"而是要达到彻底查明私营工商业的活动以利团结和控制

① 李青主编《中国共产党对资本主义和非公有制经济的认识与政策》，中共党史出版社，2004，第 189 页。

② 《当代江苏简史》，当代中国出版社，1999，第 65 页。

③ 《当代江苏简史》，当代中国出版社，1999，第 66 页。

资产阶级，进行国家计划经济等目的。”① 1952 年 9 月 5 日，毛泽东在给黄炎培的一封信中，又一次提到“在现阶段，允许资产阶级存在，但须经营有利于国家人民的事业，不犯‘五毒’，这就是工人阶级对于资产阶级的领导，也就是《共同纲领》所规定的。超过这个限度，而要求资产阶级接受工人阶级的思想，或者说，不许资产阶级剥削赚钱的事情，只许他们和工人一样想‘没有劳动，没有生活’的事情，只想社会主义，不想资本主义，也是不应该的。”②

因此，国民经济恢复时期，总体来说，党对资产阶级的政策是以团结为主，是以斗争求团结，资本家阶级虽然遭到打击，但他们还能在政策许可的范围内掌管自己的企业。只不过，这种掌握已越来越受到限制。

三　苏商与社会主义改造

1. 改造民族工商业之政策

1953 年，中国共产党正式提出过渡时期总路线，明确了对农业、手工业和资本主义工商业进行社会主义改造，建立社会主义制度的目标。这之前，已经出现对私营企业进行加工订货等实际存在的改造。这之后，改造的目标更加明确，中国共产党加快了对资本主义工商业的改造步伐。刘少奇曾论述到：“现在我们有极大的社会主义优势，资本家不接受改造就要垮台，就要破产，接受改造就统一安排，也就有饭吃。所以从国际条件来看，造成了一种形势，逼着资本家非走这条路不可。同时，我们还采取了赎买的政策，给他利润，安排他的工作，政治上给选举权，给地位。在这种形势下

① 《中央关于在五反斗争中及其以后必须达到的八项目的的指示》（1951 年 3 月 23 日），《建国以来毛泽东文稿》第 3 册，第 353 页。

② 《毛泽东文集》第 6 卷，人民出版社，1999，第 236 ~ 237 页。

面，在这种条件下面，再加上教育，资本家接受社会主义改造是可能的，和平改造是可能的。”[①]对民族工商业进行社会主义改造采取的是和平改造的赎买政策。赎买政策就是在一定时期内允许资本主义私有制存在，并有利可图，通过赎买逐步地把资本主义经济改造为社会主义经济。毛泽东在中共七届二中全会上就设想：“流血的革命只有这一次，将来由新民主主义革命转变到社会主义革命那一次就不用流血了，而可能和平解决。但这只是可能，将来是否不流血，还要看我们工作的努力情况。”[②] 1952 年 10 月，周恩来再一次提及“将来用什么方法进入社会主义，现在还不能说得很完整，但总的来说，就是和平转变的道路。中国经过了反帝、反封建的流血革命后，不会再流第二次血。和平转变，是要经过一个相当长的时间，并且要转变得很自然，‘水到渠成’。如经过各种国家资本主义的方式，达到阶级消灭，个人愉快。”[③]

改造民族工商业，变生产资料私有制为公有制，是一场极其深刻的社会主义革命。这种革命，必然引起商人这个群体的各种不安、疑虑和抵触，乃至反抗。马克思和恩格斯曾经设想，无产阶级在夺取政权以后，可以通过赎买的办法把资本主义经济改造成为社会主义经济，并且认为，如果对资产阶级的剥夺能用赎买来实行，那对无产阶级是最便宜不过的事情了。1918 年，列宁主张对那些肯接受国家资本主义的“文明的资本家”实行赎买。对那些不肯接受国家资本主义的“不文明的资本家”加以惩治。但在实际层面，苏维埃政权是采取剥夺的办法，将资本家的财产收归国有。[④]中国共产党根据中国的实际情况，采取了和平赎买的办法改变资本

① 《关于资本主义工商业的社会主义改造问题》（1955 年 11 月 16 日），《刘少奇选集》（下卷），人民出版社，1985，第 180 页。

② 《毛泽东文集》第 5 卷，人民出版社，1996，第 262 页。

③ 《建国以来重要文献选编》第 3 册，中央文献出版社，1992，第 398 页。

④ 参见王炳林《中国共产党与私人资本主义》，北京师范大学出版社，1995，第 330 页。

主义所有制，避免了走苏联的模式，使马克思、恩格斯的设想得到实现。由于中国私人资本主义是在帝国主义、封建主义和官僚资本主义的夹缝中成长起来的，总体上规模不大，资本较少，经济力量薄弱，在国民经济中不占主导地位。相应地中国的资本家阶级既有参加民主斗争的革命性，又有妥协性。新中国成立后，资本家阶级在政治上有地位，是四大阶级之一，他们又有唯利是图，留念资本主义生产方式的一面，也有拥护共同纲领，接受共产党领导的一面。因此，资本家阶级有可能接受和平赎买。对中国共产党来说，实行和平赎买的必要性也是显而易见的：在政治上，有利于争取和稳定资本家阶级及其相连的其他阶层，巩固和发展社会主义统一战线。在经济上可以避免生产力的破坏，为国家增加积累，培训生产技术和企业管理人员，也能发挥资本家的知识和才能为国家经济建设服务。

基于必要性和可能性的认识，吸取马克思、恩格斯和列宁等的有关思想，结合中国的具体国情，中国共产党最终确定了对资本主义工商业社会主义改造实行和平赎买的方针。并且，这种赎买只是针对资本家的生产资料，而对资本家的生活资料则予以保留。

中国的和平赎买政策不是由国家另外拿出一笔钱来购买资本家的生产资料，而是在一定时期内，工人阶级在为满足国家和人民需要进行生产的同时，为资本家阶级生产一部分利润。陈云说："赎买的办法是，在全行业公私合营以前，使私营企业获得合理利润，进而实行按比例分配利润（即四马分肥）；在全行业公私合营以后，采取定期定息制度，并对资方在职人员全部由国家分配工作。"① 中国共产党在对私人资本主义赎买的过程中，具体政策是：其一，利润分配。1950年到1952年，根据企业盈余的多少，按照政务院1950年12月颁布的《私营企业暂行条例》的规定，私营企业在年度决算后，如有盈余，除缴纳所得税和弥补亏损外，在提存

① 《陈云文选》第3卷，人民出版社，1995，第35页。

10%以上的公积金后，分派最高不超过年息8%的股息，其余额，股东红利及董监事、经理、厂长等的酬劳金一般应不少于60%，改善完全卫生设备和职工福利基金、职工奖励金各不少于15%。在这个时期，资本家所得较多，公积金和职工所得较少。1953年到1955年，采用"四马分肥"办法，当时规定私营企业和公私合营企业的利润按所得税、公积金、工人福利奖金和资本家股息红利四个方面进行分配，所得税占利润总额的30%左右，企业公积金占10%～30%，职工福利奖金5%～15%，股息红利占25%左右。实行"四马分肥"进一步限制了资本家的剥削。其二，定息制。在全行业公私合营以后，1956年1月，中共中央发出《关于对公私合营企业私股推行定息办法的指示》，2月8日，国务院发布《关于在公私合营企业中推行定息办法的规定》，指出"对公私合营企业的私股推行定息办法，是国家进一步加强社会主义改造的一项重要的政策措施。"定息制取代"四马分肥"。所谓定息，就是企业在公私合营期间，不论盈亏情况，国家根据清产核资核定的私股股东的股额，一律按固定息率发给股息。实行定息政策的目的，是使企业的管理权力完全转移到国家手中，使企业可以按照社会主义的原则，进行经营管理，为企业的进一步国有化准备条件。最后确定股息为五厘，年限为7年，后又延长3年。其三，高薪和人事安排政策。公私合营以后，对资本家原先的拿取的高薪维持不变，以照顾他们原有的生活水平。对资方人员，要"包下来"，国家进行全面的人事安排。资方人员凡能工作的都由国家有关部门分配工作。对资本家阶级中的代表人物给以适当的政治安排，担任中央和地方领导职务。

2. 江苏资本主义工商业社会主义改造的过程

江苏是全国工商业经济较为发达的地区，在旧中国曲折发展起来的江苏民族工商业到1949年新中国成立时已经具有一定的规模。江苏私人资本占全国1/10以上，私营工业的产值约占全国私营总产值的18%，纺织业的纱锭约占全国的1/10。有一批全国知名的私营企业如纺织业，有无锡的申新、南通的大生、常州的大成；面粉业有无锡的茂新面粉厂；化学工业有南京的永利化学工业公司硫酸铵厂；建材工业有中国水泥厂等。在工商界中涌现出一批著名的商人，如张謇、荣宗敬、荣德生、严裕棠、刘国钧等人。

为弄清工商企业情况，江苏各地于1949年五六月起对所辖地区私营工商业开始登记。1949年6月，苏北地区颁布《苏北工商业登记暂行办法》和实施细则，1950年8月，苏南地区公布《苏南区工商业登记暂行办法》，全面开展工商业登记工作。20世纪50年代初的工商企业登记，使我们可以了解当时江苏私营工商业的基本面貌（见表4－1）。

表4－1　1952年底江苏省工商业情况统计

项	目	总计	工业	手工业	坐商	行商
户数	合计	226169	4322	77527	136540	7780
	苏南	117297	2798	47069	63838	3592
	苏北	84643	1295	27782	52710	2856
	南京	24229	229	2676	19992	1332
从业人数	合计	693919	160422	196249	329111	8137
	苏南	378953	102528	121108	151458	3859
	苏北	256690	54339	68764	130641	2946
	南京	58276	3555	6377	47012	1332
资金数（百万元，旧人民币）	合计	2261391	904619	347380	970262	39130
	苏南	1562745	759032	220032	570738	12943
	苏北	592249	145587	88898	350624	7140
	南京	106397		38450	48900	19047

资料来源：江苏省发展计划委员会编《解放初期的江苏经济 1949～1952》（上册），内部资料，2002年，第114页。

上表说明，江苏私营工商户在20世纪50年代初达到22万多户，近70万从业人员，蔚为大观。在江苏社会经济生活中，私营工商业占据主导地位。1949年江苏全省工业总产值中，私营工业产值占到80.53%，而国营和地方国营只占14.84%，公私合营只占4.55%，合作社营占0.08%。在商业方面，1950年私营商业的批发营业额占到总额的76.38%，国营与合作社营只占23.6%。[①]但是由于各方面因素的影响，1949年江苏的工商业出现了一定的困难，原材料供应紧张，货源缺乏，销售不畅，导致一些企业商店纷纷歇业。据苏北20个城镇的统计，原有工商业户19834家，停业与歇业的1814户（未经呈报私自歇业的不在其内）；扬州16个行业，停歇业几乎一半；苏南1950年1月至6月，共报歇业店3000余户，约占全苏南商店的3%，工厂一度停工的500余家，约占全苏南工厂的19%；[②]南京市1950年初共有工业（含手工业）企业2839家，能勉强维持的仅有174家，1950年上半年先后有87家工厂、1484家商店停业。[③]加上一些不法商贩囤积物资，投机倒卖，致使物价上涨，市场波动，给人民群众的生活和社会安定造成严重影响。另外，江苏私营工商业大多数规模小、资金缺乏，企业生产效率低，技术能力弱。这些都表明旧有的资本主义生产关系已经不能适应在社会主义现代化大发展的需要，改造私营工商业势在必行。

在国民经济恢复时期，政府除了通过加工订货、经销代销等初级形式对私营工商业进行社会主义改造外，已经出现少数公私合营企业。据1953年底的统计，全省公私合营的工业交通企业49个。[④]这些企业主要是矿山、银行、水厂、电厂等影响国计民生的重要企业，如最早公私合营的大生纺织公司、徐州贾汪煤矿等。徐州贾汪煤矿1948年底即由人民政府接管。1949年底，刘鸿生从香港回到大陆参加祖国建设，在北京受到周恩来总理的接见，刘鸿生提及其

① 《中国资本主义工商业的社会主义改造》（江苏卷上），中共党史出版社，1992，第3～4页。

② 《中国资本主义工商业的社会主义改造》（江苏卷上），中共党史出版社，1992，第5页。

③ 江苏省发展计划委员会编《解放初期的江苏经济1949～1952》（上册），内部资料，2002，第112页。

④ 《中国资本主义工商业的社会主义改造》（江苏卷上），中共党史出版社，1992，第10页。

华东（贾汪）煤矿产权问题。周恩来向他说明了我党对待民族工商业者及其资产的政策："矿藏、铁路和一切公用事业是国家的经济命脉，同国计民生有着密切的关系。华东煤矿由国家接管，至于私人股份，将在适当时期公平合理地进行评估，全部发还"。[①] 1950年2月21日，南京市江南汽车股份有限公司公私合营，这是南京市第一家合营的大型企业。7月1日，南京市新华、中国实业、建业、四明等4家银行公私合营。这些公私合营企业由于有公方领导参与对企业实行直接领导，其生产经营纳入国家计划，适应有计划经济建设的需要，企业效益高，显示出公私合营企业的优越性，对私营企业产生很大的吸引力。

1953年9月，党的过渡时期总路线正式公布，中共江苏省委和各地党委在全省广泛开展了过渡时期总路线宣传教育活动，有数千名报告员到各单位做报告。1953年底，中共江苏省委决定成立国家资本主义改造办公室，与省委统战部共同负责资本主义工商业的社会主义改造工作，办公室由宫维桢、梅村任正副主任。江苏省制定了1954年扩展公私合营工业企业60户的计划。列入1954年合营计划的60户企业大都是资本主义工业中规模较大的企业。同年，江苏省工商业联合会会员大会召开，江苏工商业联合会成立。工商联成为政府推行改造的有力助手。1954年上半年，江苏省人民政府批准全省20个较大的私营企业公私合营。它们是：南京市的中国水泥厂、江南水泥厂、有恒面粉厂；无锡市的申新纺织三厂、天元棉毛麻纺厂、兴业布厂；常州市大成纺织公司所属的三个纺织厂；苏州市的苏纶纱厂、苏州纱厂；徐州市的淮海制革厂；南通市的通成造纸厂；苏州地区的利泰纱厂、家庭纱厂；松江地区的嘉丰纱厂、茂新纱厂；镇江地区的大中机器厂、维生油厂；淮阴地区的复兴隆锅厂。全年实际宣布合营的企业61个工厂。到1954年

---

① 徐州矿务局：《徐州贾汪煤矿公私合营纪实》，《中国资本主义工商业的社会主义改造（江苏卷）》（下），中共党史资料出版社，1992，第578页。

底，江苏全省公私合营企业 110 户，职工人数 69986 人，年总产值 7.07 亿元，占全省工业总产值的 27.96%。到 1955 年底，全省工业合营企业增加到 270 户，户数占私营工业户数的 2.54%，职工占 37.94%，产值占 50.53%，[①] 这 270 个工业企业都是一个一个地个别合营，时称“吃苹果”。

到 1955 年，不少地方已经出现全行业合营和合并合营的趋势，由“吃苹果”变为“摘葡萄”，即由个别企业公私合营发展到同行业的一连串企业实行公私合营。如无锡私营缫丝业在 1955 年底全部实行了公私合营。

1949 年无锡全市共有缫丝厂 86 家，拥有坐缫车 6482 台，立缫车 462 台，其中条件稍好的厂有 42 家。当时适值苏南一带农村育蚕收茧季节。但因生丝外销受阻，内销不畅，丝价猛跌，1949 年 8 月每公担生丝价从 5 月份折合大米 70 石跌到 12 石，仅为成本 1/6。在这种情况下，各丝厂主都不愿意、也无力恢复生产，缫丝厂普遍停工歇业，1 万多工人继续遭受失业之苦。无锡缫丝业第一家实行公私合营的是华昌丝厂，也是无锡市第一家公私合营企业。1949 年 6 月 23 日上海军管会贸易处会同苏南蚕丝专业公司接管了无锡华昌丝厂中的官僚资本（占该厂资本的 56%），同年 7 月 3 日成立公私合营华昌丝厂。1950 年 6 月 23 日，中国丝业公司租赁私营嘉泰丝厂的厂房设备，开办中国丝业公司第二制丝厂，1951 年 12 月 28 日经华东局财委批准为公私合营企业。1953 年 10 月党在过渡时期的总路线公布后，无锡缫丝业各厂党支部和工会普遍开展了宣传和学习。缫丝业同业公会和市工商联也组织各厂资方进行了学习。一些厂的资本家认识到企业实现公私合营，走社会主义道路是大势所趋，特别是他们看到无锡申新纱厂等第一批公私合营企业转亏为盈、资方在企业中有职有权的事实，增强了走公私合营道路

① 《中国资本主义工商业的社会主义改造（江苏卷）》（上），中共党史资料出版社，1992，第 11 ~ 12 页。

的信心。1954年9月，永泰、美新、乾甡丝厂正式提出公私合营的申请。市人民政府先后批准永泰、美新（同年10月下旬）、乾甡（同年12月1日）实行公私合营。这3家厂公私合营后，职工积极性高涨，生产有了明显改观。与合营前相比，永泰丝厂生丝等级平均提高0.77级，疵点丝减少5.56%，缫折降低20斤；美新丝厂产量比上年增长64%，平均等级提高1.37级、缫折降低28斤，利润增长1.7倍。公私合营的优越性，推动了丝厂资本家纷纷提出合营申请。但当时无锡的22家私营缫丝厂，分散在全市，规模不一，设备和技术有较大差距，有的还是“老虎车”，有的厂房、设备破旧、流动资金短缺，有的负债超过资产，已不具备单独合营的条件。根据这一情况，中共无锡市委、市人民政府决定对全市私营缫丝厂先实行私私合并，然后进行全行业公私合营。1955年6月，中共无锡市委成立了合并合营办公室，对缫丝业提出了“以大带小，以立（缫）带坐（缫），以先进带落后的”原则，并本着既有利于今后发展，又要照顾地区相近，便于统一安排的精神，制定了具体合并方案，决定把22家私营丝厂中的17家并为6家，另外5家分别并入已公私合营的永泰、美新丝厂。在实施过程中，先行合并试点，以厂房设备及经济情况较好的瑞纶为基点厂，将增兴、大隆两厂并入其中。在合并过程中，妥善处理了清产定估、人事安排等具体问题，于6月份完成合并工作。8月22日合并后的3个厂被无锡市人民委员会批准公私合营，定名为公私合营无锡第一缫丝厂。1955年11月底，全市其他14家私营缫丝厂也分别以纶昌、正贸、信大、和兴、大昌5家为基点厂进行合并，并经批准公私合营，定名为公私合营无锡市第二、第三、第四、第五、第六缫丝厂（见表4－2）。[①]至此，无锡市私营缫丝业在全市第一个实现了全行业公私合营。

① 无锡市丝绸公司：《缫丝业走上锦绣前程》，《中国资本主义工商业的社会主义改造（江苏卷）》（下），中共党史资料出版社，1992，第67～68页。

表 4－2　无锡市私营缫丝业公私合营情况（1949～1955 年）

公私合营后企业名称	公私合营年月	第一任公方厂长	原私营企业负责人任副厂长人员	公私合营前私营企业的合并情况	公私合营时私股核定的投资额（元）	公私合营企业丝车数		
						立缫车（台）	坐缫车（台）	双宫车（台）
公私合营华昌丝厂	1949 年 7 月 3 日	李寒光	丁步云	华昌丝厂原名锦记丝厂，1947 年 5 月由国民党政府交通银行所属蜀余企业公司以私人名义投资 11 件生丝与私商刘庆一合资开办。	20000	52	130	
公私合营中丝二厂	1951 年 12 月 28 日	刘祖寿	许汝良	1950 年 6 月 23 日，中蚕公司租赁嘉泰丝厂厂房、设备。	160260	180	120	
公私合营永泰丝厂	1954 年 10 月 29 日	金坚	薛祖康 薛嘉生 吕焕泰	1955 年 10 月 25 日，永昌新、务滋、华兴第一工场 3 家私营丝厂并入公私合营永泰丝厂。	4 户 915594	368		
公私合营美新丝厂	1954 年 10 月 29 日	季雨	王化南 王垂荪 费灿臣	1955 年 11 月 19 日，私营恒达、泰伦丝厂并入公私合营美新丝厂	4 户 152093	140	120	
公私合营乾甡丝厂	1954 年 12 月 1 日	仲玉峰	卢世渊	1952 年 8 月，该厂营、实业合并，厂名为私营乾甡丝厂股份有限公司与上海乾甡丝业公司脱离。	200000	120		

续表

公私合营后企业名称	公私合营年月	第一任公方厂长	原私营企业负责人任副厂长人员	公私合营前私营企业的合并情况	公私合营时私股核定的投资额(元)	公私合营企业丝车数		
						立缫车(台)	坐缫车(台)	双宫车(台)
公私合营无锡市缫丝一厂	1955年8月22日	高封三	高景岳 张恩深 童望之 范梦京	1955年6月私营瑞纶丝厂、增兴丝厂、大隆丝厂，以瑞纶丝厂为基点厂，进行私私合并而成。	3户 263994	158		
公私合营无锡市缫丝二厂	1955年12月3日	彭震	顾酥若 唐文铭	1955年10月28日，私营纶昌丝厂、茂昌丝厂、华兴丝厂第二工场，以纶昌为基点厂，进行私私合并而成。	3户 105732	104	30	
公私合营无锡市缫丝三厂	1955年12月3日	钱辉	沈耀明	1955年11月4日，私营正贸、企新、益中丝厂，以正贸丝厂为基点厂，进行私私合并而成。	3户 116916	120		
公私合营无锡市缫丝四厂	1955年12月3日	李华	王同楼 许绍远	1955年10月28日，私营信大、广新、惠大、协新4家丝厂，以信大丝厂为基点厂，私私合并而成。	4户 161321	100	80	32
公私合营无锡市缫丝五厂	1955年12月3日	李华	陆仲烈	1955年11月20日，私营和兴丝厂、华兴第三工场以和兴丝厂为基点厂，私私合并而成。	2户 251984	100	100	

续表

公私合营后企业名称	公私合营年月	第一任公方厂长	原私营企业负责人任副厂长人员	公私合营前私营企业的合并情况	公私合营时私股核定的投资额(元)	公私合营企业丝车数		
						立缫车(台)	坐缫车(台)	双宫车(台)
公私合营无锡市缫丝六厂	1955年12月3日	薛世法	王瑞麟	1955年11月24日，私营大昌、新纶、新泰丝厂，以大昌丝厂为基点厂，私私合并而成。	3户 119411	80	46	

资料来源：无锡市丝绸公司：《缫丝业走上锦绣前程》，《中国资本主义工商业的社会主义改造（江苏卷）》（下），中共党史资料出版社1992年版，第69～70页。

除无锡缫丝业外，1955年底，南京市65户私营棉布店和175户私营百货店也分别实行了全行业公私合营。南京、常州、苏州等地区的机器、染织、纺织等行业也开始全行业公私合营。1955年，全省已有30个行业的私营批发商实现全行业改造。① 1955年10月底，毛泽东邀请全国工商联执行委员会委员座谈，希望资本家“认清社会发展规律，掌握自己命运，把自己的命运同国家前途结合起来”。12月7日至17日，江苏省召开全省对资本主义工商业改造工作会议，会上提出在1957年底基本完成资本主义工商业社会主义改造的任务，并成立了由省委书记陈光任组长的对资本主义工商业改造领导小组。1956年1月上旬，毛泽东到南京视察，接见了江苏省工商联执委会的代表，这给江苏工商业者以极大的鼓舞。在北京率先宣布社会主义改造完成这个消息带动下，江苏工商界也掀起社会主义改造的高潮。许多工商业者生怕搭不上合营这班车，纷纷申请公私合营。1956年1月16至23日的一周时间内，江苏省属12个市完成了资本主义工商业的全行业公私合营。1956年

① 《江苏省志·综合经济志》，江苏古籍出版社，1999，第134页。

春节前后，全省71个县也基本完成公私合营工作。1956年1月，南通县私营工商业全部实行公私合营，或组建为合作商店。全县有74家公私合营工业企业，职工1844人，其中资方人员368人。[①]江都县1956年1月30日，对私营工业实行全行业改造。是年，全县有公私合营工业企业15个，工人1172人，固定资产原值43.8万元，产值882.3万元，利润4.24万元。[②] 1956年初，海门县38户油、酒、酱工场经过改组，12户建立公私合营工厂，其余并入国营企业。全县私营工业企业经过公私合营、合作化、经销代销等形式，改造成22个全民工业企业，102个集体企业。[③]

至1956年底，江苏累计参加公私合营的工业企业有7272户，商业企业有18211户，饮食服务业企业有2376户，交通运输业企业有2376户。其中，在职私营工商业者62804人，约为全国私方人员的8%；公私合营企业的私股股金为29283万元，约为全国公私合营企业中私股股金的12%。[④]江苏对资本主义工商业的社会主义改造取得决定性胜利。私营企业的生产关系也由资本家所有制变为社会主义所有制，职工成为企业的主人，社会主义积极性空前高涨，劳动效率大大提升。

3. 苏商与社会主义改造

1949年中华人民共和国成立之际，经济环境十分恶劣，物资短缺、物价飞涨、财政困难、通货膨胀严重。面对严峻经济形势，一部分苏商按照惯例投机取巧、囤积居奇、操纵市场，受到人民政府的镇压和打击，如无锡市粮食行业。无锡水陆交通便利，明清两朝以后成为全国四大米市之一，粮食行业在无锡经济中占有重要地位。1949年4月23日无锡解放。5月4日国营苏南建中贸易

① 《南通县志》，江苏人民出版社，1996，第318页。

② 《江都县志》，江苏人民出版社，1996，第300页。

③ 《海门县志》，科学技术出版社，1996，第261页。

④ 《中国资本主义工商业的社会主义改造（江苏卷）》（上），中共党史资料出版社，1992，第1页。

公司在锡成立。当时，私营粮商实力比较雄厚，仓库存粮在60万石以上，再加上粮行、米厂、面粉厂存粮以及河下客货，总的储存量估计在100万石左右。据6月份统计，无锡有私营粮行252家（其中机砻粮行83家），资本总额折合大米1.386万石，共有从业人员4804人，其中资方716人，职工4088人。该业理事长赵章吉开设的隆茂复记粮行规模最大，有职工65人。1949年6月，无锡出现涨价风潮，首先是黄金、银元上涨，一些资金较厚的粮行资本家也集中一部分资金投向金银交易。赵章吉的隆茂复记粮行就买卖黄金365两。同时，他们还垄断粮食市场，与金银互相哄抬价格。粮价从5月初白粳米每石3300元（旧人民币），到6月8日涨到1.9万元，超过上海市粮价1倍多。无锡市人民政府召开紧急会议，指导私营粮商从事正当经营，严惩投机；国营建中贸易公司出售大米；发动群众开展反对金融投机运动，撤销银元临时兑换所。[①] 1949年6月13日，南京市政府、苏南行署、苏北行署在上级部署下，采取统一行动，封闭银元市场，取缔银元贩子和金银买卖，逮捕制裁一批大的不法商人，使人民币开始占领市场。南京市处理非法金银买卖案件83起，无锡市取缔地下钱庄100多处，前后共收缴和兑换银元6万多枚。扬州市破获金贩案件3起，取缔地下钱庄11家。[②]面对1949年6月至1950年3月投机商人掀起的三次物价波动，江苏省地方政府通过国营贸易公司大量抛售以粮食、棉纱为主的各种物资，平抑了物价，稳定了市场，打击了不法资本家和投机商人，夺得了稳定经济的主动权，保证了经济形势的好转。

而大部分苏商正确对待困难形势，他们在苏南、苏北区党委和行政公署以及中共南京市委、市政府的帮助下，争取人民银行贷款

---

① 无锡市粮食局：《无锡市私营粮行业的社会主义改造》，《中国资本主义工商业的社会主义改造（江苏卷）》（下），中共党史资料出版社，1992，第128页。

② 《中国资本主义工商业的社会主义改造（江苏卷）》（上），中共党史资料出版社，1992，第6页。

和各种加工订货、经销代销，其企业很快就恢复了生产，经营逐步走上正轨。如南京私营有恒面粉厂陈邃衡与华东粮食局签订了小麦加工制粉合同。在政府的帮助下，南京市的2000余家工业和手工业户短期内复工的有600余家。无锡市绝大多数面粉厂开工生产，日产面粉3.3万包。1950年4月，国营苏南百货公司在一个月中，向30多家私营工厂收购火柴、肥皂、布匹、袜子等滞销工业品，总价7.3万元。1949年10月到1950年6月底，苏南行署对私营企业贷款688万元。苏北行署工商处，以贷款、订货、加工等方式，扶助南通、泰州、扬州等市的13个私营工厂生产。南通国营江海公司、人民银行给予大生公司以大力支持，仅1949年上半年，就提供给大生第一纺织公司原棉22695担，煤7000吨。[①]因此，这部分苏商对新生的政权是支持的，他们拥护中国共产党的领导，部分苏商还担任了人民政权的领导职务。

荣德生在1949年9月当选为全国政协委员，同年被任命为华东军政委员会委员，1950年经政务院任命为苏南人民行政公署副主任，直至1952年7月29日在锡病逝。荣德生在新中国成立后短短3年中，拥护中国共产党的领导，积极响应党的号召。1950年他带头认购人民政府发行的人民胜利折实公债15万分（企业13万分、个人2万分），占全市150万分的1/10，对推动工商界的认购起了很大作用。“抗美援朝”运动中，在荣德生的支持下，经过劳资双方共同努力，荣氏的5家企业共捐献飞机6架，占全市工商界捐献任务27架的将近1/5强。[②]无锡丽新厂资本家程敬堂被任命为苏南行政公署政务委员，唐君远当选为江苏省第一届人民代表大会代表，丽新厂厂长张佩苍当选为无锡市第一届人民代表大会代表。

还有部分苏商面对经营困局，主动提出公私合营，如南通大生

① 《中国资本主义工商业的社会主义改造（江苏卷）》（上），中共党史资料出版社，1992，第5～6页。

② 《中国资本主义工商业的社会主义改造（江苏卷）》（下），中共党史资料出版社，1992，第21页。

纺织公司经理张敬礼等人。大生纺织公司资本中约含有23%的官股，1949年7月，苏北行政公署委派工商处长郭健、南通地委书记王野翔参加大生一公司董事会，担任常务董事。但是新中国成立初期，大生企业内外交困。就外部而言，公司亏蚀严重，布机也抵押给银行，生产难以维持；就内部而言，工人群众对企业管理不满，要求资方进行改革，年轻技术人员想“跳槽”到国营企业。因此，有的公司上层人物主张“停厂散伙”。为了发展生产，缓和劳资矛盾，张敬礼多次恳请苏北行署委派干部进入大生公司，建立公私合营制度。尽管有部分股东不同意，但张敬礼在张文潜、箦延芳等人支持下，于1951年底向人民政府提出公私合营。公私合营后，企业转亏为盈，日益兴旺。公私合营的第一年（1952年），与上年相比，棉纱产量就增长44.73%，棉布产量增长57.28%，总产值增长42.35%，劳动生产率增长42.85%。[①] 张敬礼十分高兴，1952年前后，张敬礼还担任南通市协商委员会副主席、市工商联主委、苏北人民委员会委员等社会职务。1954年，张敬礼亲赴北京、南京、上海、苏州、无锡、常州等地宣传公私合营的优越性，对推动私营企业的社会主义改造起到了积极作用。[②]

类似的还有太仓利泰纱厂的朱丹初等苏商。太仓利泰纱厂创办于1905年，是太仓最老最大的工厂，1926年由朱静安接办。朱静安逝世后，由其子朱秉彝、朱丹初先后担任总经理。1949年政权变更之际，利泰厂债台高筑，亏损严重，举步维艰。总经理朱丹初进退维谷，最后决定让家属先行迁往台湾，以防万一，自己留在上海观察形势变化。上海解放后，朱丹初被多方动员劝说后回到太仓厂内。他将利泰存在香港的美棉运回大陆，接回已去台湾的家属，出售在台物资，得款汇回国内，努力恢复利泰。在人民政府贷款、

① 曹力田:《最早公私合营的大生纺织公司》,《中国资本主义工商业的社会主义改造（江苏卷)》（下），中共党史资料出版社，1992，第502页。

② 曹力田:《最早公私合营的大生纺织公司》,《中国资本主义工商业的社会主义改造（江苏卷)》（下），中共党史资料出版社，1992，第498页。

加工代纺以及成立劳资协商会等措施下，利泰纱厂1950年4月4日复工，生产终于有了起色。但利泰厂“由于负债较多，经济窘迫，常引起劳资争议，资方处处受到责难”。在这样的形势下，随着总路线教育的不断深入，朱丹初多次口头提出与政府公私合营，并经全体股东同意写了书面报告，申请公私合营。1954年6月，太仓县人民政府批准利泰厂公私合营。①

刘国钧在1950年9月由香港回国后主持常州大成纺织染公司，他积极参加各项政治活动，成为苏商的代表人物。1953年10月，他参加中华全国工商业联合会会员代表大会，并被选为执委。在学习了党的过渡时期总路线之后，他在全国工商联大会上发言表示积极争取公私合营，会议结束返回江苏途中路过南京，又以个人名义向江苏省有关领导提出口头申请。1953年12月15日，大成公司召开第十八届第九次董事监察人联席会议，刘国钧报告了北京全国工商联会议的内容和学习国家过渡时期总路线的体会。会议通过了向政府申请公私合营的决议，并推定刘国钧、谢钟豪、朱希武、何乃扬四人为公司代表，向政府陈明对于公私合营的愿望。1954年4月，中共江苏省委批准大成公司公私合营。

1952年6月，荣德生、荣毅仁父子要求政府投资开元机器厂，进行公私合营。同年10月，经国家机械工业部正式批准开元机器厂公私合营。核定该厂资产总值为363.16万元，去掉负债195.69万元，实际资产总额为167.47万元。国家投资300万元，最后确定公股为82.82%，私股为17.18%。荣家的申三纺织厂是当时全省最大的私营纺织厂，天元厂是省内唯一的麻纺厂。根据国家建设需要，这两家厂被列入江苏省首批公私合营的计划。1954年3月两厂资方代理人在参加了省工商联组织的总路线学习后，表示拥护公私合营，并向荣毅仁做了汇报。荣即亲自到无锡，找市委书记包

① 太仓利泰纺织厂：《利泰在对资改造中走上金光道》，《中国资本主义工商业的社会主义改造（江苏卷）》（下），中共党史资料出版社，1992，第241页。

厚昌、统战部部长杨厚增、财委主任李铮商谈，除同意申三、天元两厂合营外，要求将另外2个生产经营比较困难的企业（茂新第一、第二面粉厂）一起公私合营。无锡市委根据荣的要求，向江苏省委作了汇报，经江苏省委同意，批准荣氏的4家企业一起公私合营。为适应合营后的需要，市委决定申三、天元2厂成立党委，茂新第一、第二厂成立党总支委员会，领导公私合营工作；接着，召开职工代表大会或职工大会，发动职工订措施，提保证，掀起迎接公私合营的生产热潮；在准备工作就绪后，于7月31日集体举行公私合营签字仪式。[①]

在苏商代表人物的影响下，许多苏商主动走上合营之路。

1953年冬，无锡庆丰纺织厂党委、工会在全厂掀起了学习和宣传总路线的热潮，中共无锡市委派出以海啸为组长的增产节约工作组到厂里协助工作。当时，资方对公私合营顾虑重重，主要是：股份较多的资方怕合营后经济利益受损失，有的不赞成公私合营；股份小的资方怕合营后地位、工资要降低。针对这种思想，市工商联分批分期组织他们参加总路线学习，通过学习，资方和代理人认识到，走公私合营道路是大势所趋，人心所向，特别是庆丰总公司常务董事钱孙卿（江苏省工商联主任委员）、董事范谷泉（无锡市工商联主任委员，庆丰厂厂长）出席了全国工商联在北京召开的第一届会员代表大会，聆听了中央领导人的指示和讲话，了解到各地一些工厂实行公私合营后资方人员得到妥善安排，并照样有利可图。他们将这些情况传达后，资方人员逐渐消除了思想疑虑。1953年12月，庆丰董事会在上海召开，钱孙卿和范谷泉传达了北京会议情况，到会董监事一致议决：拥护国家过渡时期的总路线，并争取在海外的董事也投身此项运动，创造条件，为逐步实现国家社会主义工业化而努力。1954年3月29日，庆丰总公司又在上海召开

① 《中国资本主义工商业的社会主义改造（江苏卷）》（下），中共党史资料出版社，1992，第27页。

董事会议，专题讨论所属各厂如何实现公私合营。会上推选蔡漱岑、唐瑞千、钱孙卿、范谷泉为代表，分别向上海市、江苏省及无锡市有关部门申请公私合营。4 月 1 日，钱孙卿、范谷泉代表无锡市庆丰纺织厂向无锡市人民政府递交了《庆丰纺织印染公司第一厂申请公私合营意见书》。1954 年 5 月至 6 月，庆丰纺织厂进行了清产定股工作。在中国人民银行无锡支行的协助下，重点清理了私股及在海外、国外的股东情况。计：唐星海（香港）17046000 股，薛寿萱（美国）501000 股，唐纪云（香港）731000 股，孙仲海（香港）1975000 股，唐晔如（南美洲）5585600 股，薛汇东（香港）401000 股，荣鸿元（泰国）150000 股，荣辅仁（泰国）50000 股。1954 年 10 月 29 日，经无锡市人民政府和纺工局批准，庆丰纺织厂在厂里举行了公私合营签字仪式。1954 年 11 月 30 日，根据公私合营协议书的精神，厂里成立了清产核资定股办公室。有 200 多名职工直接参加了全面资产清点工作，最后核定私股 1434.4 万元，占 91.28%，合计资本总额 1569 万元。①

1953 年 10 月，唐君远出席了中华全国工商联会议。12 月 8 日，唐在上海召开丽新董事、监事联席会议，传达了中央财经委员会李维汉副主任关于过渡时期总路线、总任务的报告，经过讨论，董事、监事一致表示拥护政府政策，愿意走公私合营道路。1954 年 3 月 14 日，董事、监事联席会议决议，上海丽新厂和无锡丽新厂分别向当地人民政府呈送申请公私合营公文。协新厂于 1954 年 11 月 1 日向无锡市人民政府申请公私合营。1954 年 10 月 29 日和 12 月 24 日，丽新、协新两厂公私双方代表相继签订公私合营协议书，丽新定名为公私合营无锡丽新纺织印染股份有限公司，协新定名为公私合营无锡协新毛纺织染股份有限公司。1954 年 11 月 1

① 无锡市第二棉纺织厂：《无锡庆丰纺织厂的发展历程》，《中国资本主义工商业的社会主义改造（江苏卷）》（下），中共党史资料出版社，1992，第 40 ~ 41 页。

日，无锡市人民政府批准丽新厂公私合营。1955 年 1 月，无锡市人民政府批准协新厂公私合营。

徐州著名商人程秉文在徐州解放后积极参加政府的各项活动，被聘为市工商业登记委员会委员，协助政府推动私营工商业户进行登记。以后又参加筹建徐州市工商联工作，被推选为工商联主任。1951 年 4 月程秉文当选为徐州市副市长，还被推选为民主建国委员会徐州市主任委员。1949 年，在投机商人抢购物资、囤积居奇、市场混乱之际，程秉文运用贸易商行的有利条件，配合国营公司想方设法采购物资，供应市场，为平抑物价做出了贡献。1950 年 1 月，国家发行胜利折实公债。程秉文率先购买 1800 分。在他带领下，复兴颜料店张海波认购了 2000 分。程秉文在外地听说后又写信回来加购 1500 分，共计 3300 分。张海波闻讯后又加购到 8000 分，工商界认购公债出现高潮，很快完成全市任务。1950 年，政府鼓励私人资本投资工业，程秉文于当年 12 月 1 日投资成立淮海皮革厂，由商转工，并于 1953 年 10 月在厂里成立党支部。1953 年过渡时期总路线公布后，程秉文多次表示：希望尽早公私合营。他同党支部商量争取公私合营时说："工厂如果没有国家的帮助，也不会有今天这样的发展；今后要公私合营了，国家将会更多地支持工厂、办好工厂。这不仅是大家的愿望，也是我的愿望。要积极创造条件，争取早日公私合营。"[①] 1954 年 7 月 15 日，徐州市人民政府批准淮海制革厂公私合营，这是徐州市除解放初因没收官僚资本而实行公私合营的大上海火柴厂外，第一家实行公私合营的企业。淮海皮革厂的公私合营对全市私营企业影响很大，一些私营业主纷纷向程秉文了解合营情况，徐州美丰机器铸造厂、新兴面粉厂等资方也提出申请，要求公私合营。

---

① 孙建昌：《社会主义改造时期的程秉文和徐州淮海制革厂》，《中国资本主义工商业的社会主义改造（江苏卷）》（下），中共党史资料出版社，1992，第 589 页。

当然，在社会主义改造过程中，也有少数苏商对社会主义改造犹疑观望甚至对抗改造的。镇江恒顺酱醋厂前身为朱恒顺糟坊，创办于1840年，1926年李皋宇买下该厂，抗战胜利后，李皋宇长子李友芳接班恒顺，到1949年已有百年历史。解放后，恒顺酱醋厂在人民政府的扶持和工人的推动下，克服困难，逐渐恢复了生产，1953年第一次盈余额达16407元。1953年过渡时期总路线颁布后，李友芳面对他们父子两代30年苦心经营的企业即将与国家合营，一时难以想通。他上午听了动员报告，下午就将一处私房和浴缸拿出去卖了。经过党和政府的耐心细致的思想教育，李友芳权衡再三，正式向政府提出公私合营。①对抗改造的案例有前述无锡粮商赵章吉等人。1952年，“五反”运动在粮行开展，广大职工在工会的领导下，检举揭发了资本家的“五毒”行为，特别是隆茂复记粮行资本家赵章吉以及张宝泰粮行、天鑫粮行、公鑫记粮行等几个实力较强的粮行主，他们一面操纵同业公会，拒绝人民政府课征粮食营业税、所得税；一面大量偷逃税款，其中隆茂复记粮行从新中国成立时到1951年底计偷逃税款71639.37万元；张宝泰粮行解放后近3年偷逃税收1018.2万元；天鑫粮行也偷逃税款14760万元。赵章吉到1951年底共行贿干部12次，天鑫粮行资本家在1950年11月通过借款形式行贿人民银行干部，窃取经济情报贷得款项，获利5.6亿元。张宝泰粮行在代无锡县合作社加工稻谷时，以次充好，取得非法收入5929.49万元。“五反”运动中，无锡私营粮行业揭出的问题，以隆茂复记粮行资本家赵章吉最严重，虽一再教育，给予交代的机会，但他拒不坦白，终于在1952年1月20日被依法逮捕，判刑15年。②

1955年12月，中共江苏省委召开对资改造全省地、市、县委

① 《中国资本主义工商业的社会主义改造（江苏卷）》（下），中共党史资料出版社，1992，第692页。

② 无锡市粮食局：《无锡市私营粮行业的社会主义改造》，《中国资本主义工商业的社会主义改造（江苏卷）》（下），中共党史资料出版社，1992，第131页。

书记会议后，江苏省社会主义改造进入高潮。南京、无锡、苏州、常州、南通等地组织了成千名报告员、成万名宣传员。广大党员干部通过学习中共中央《关于资本主义改造问题的决议》以及陈毅副总理的相关报告，深刻认识到中央对资改造政策的重要性。各地按照系统分别召开职工、青年、工商界、资本家家属、手工业者、小商小贩、居民会议，深入宣传对资本主义工商业进行社会主义改造的伟大意义和方针政策。在运动高潮到来之际，许多苏商对社会主义改造如何进行，摸不到底，疑虑重重。经过思想动员、学习提高、听代表性人物的报告，广大苏商思想认识逐渐提高。有的资本家说："学习毛主席的指示，看到了光明前途，眼睛亮了，心里安了，劲头大了。"无锡市工运桥造船工场的一位 62 岁的资本家把埋在墙角下 30 年的 3102 枚银元挖出来投入企业。据统计，社会主义改造高潮时全省苏商自报增资现金 373 万元、黄金 1083 两、银元 22512 枚，其他实物折价 92 万元。①广大苏商还敲锣打鼓，鸣放鞭炮，申请公私合营。被批准合营后，组织报喜队，开展联欢活动，盛况空前。

总体上看，苏商对社会主义改造是拥护的，或者说一定程度上的拥护。这种拥护是多方面因素造成的：首先，是大势所趋。在国家开展大规模经济建设的"一五"计划过程中，国家实行统购统销，并对农业社会主义进行改造，而苏商所办企业主要是纺织和食品为主的轻工业，其原料来源和商品市场都受到很大限制，如果不走改造道路，企业生产难以为继。其次，是中国共产党开展了有力的统战工作。新中国成立后，苏商代表人物参加政治协商会议、人民代表会议和其他各种会议，了解了中共的对资政策。1953 年过渡时期总路线公布后，江苏省各级党委和政府及时组织苏商学习总路线和社会发展史。1956 年 1 月，团省委召开全省工商界青年拥护社会主义改造代表会议。民建会、工商联通过会议和举办学习班

① 《当代江苏简史》，当代中国出版社，1999，第 115 页。

组织工商界人士进行学习，还和妇联一起积极做工商业者家属的工作。企业公私合营后，各级统战部门通过政治学校以及民建会、工商联对工商界上中层人士分期分批进行较为系统的政治理论学习，把过去临时的、短期的学习，逐步转变为比较长期的、正规的培训。党和政府的统战工作提高了苏商对社会主义的认同。最后，是国家实行了正确的政策。对苏商的企业资产，江苏按照国务院指示的“公平合理，实事求是”的原则以及“从宽处理，尽量了结”的方针，认真进行可清产核资工作。全省私方人员资金在2000元以上的有8894人，资金最多的是荣毅仁，资金6252950元，刘国钧次之，资金6140369元。对苏商的待遇，一方面保持原有工资高薪不变，低薪逐步提高，并实行定息制度，1956年上半年就发给私方人员定息700万元，以后每年付给定息1400多万元。另一方面，对合营后的私方人员妥善安排。据1956年11月的统计，全省公私合营企业私方人员安排为科、股长级以上的人员13899人，占私方总人数的22%以上。对苏商主要人物，还安排政治待遇：安排为各级人民代表的1342人，其中省级32人，市级229人，市辖区208人，县级386人，县以下487人；安排为各级政协委员607人，其中省级56人，市258人，县293人；安排为副省长1人，正副厅长2人，副市长7人，正副科局长78人，副县长4人，副科长9人。①

① 《中国资本主义工商业的社会主义改造（江苏卷）》（下），中共党史资料出版社，1992，第18页。

第五章　“苏南模式”与现代苏商的崛起

1956年社会主义改造完成后，近代百年来逐渐形成的私营企业被国家赎买，近代苏商阶层消失了。在之后很长一段时间内，个人经商办企业被视为异类，政策不允许。随着人民公社制度的建立，所有社会资源都为国家政府层面控制，在这样的环境下，苏商无法成长。但是，文化传承的习惯以另一种形式出现。工商传统催生出了人民公社体制下的社队企业（1984年中共中央4号文件把社队企业正式更名为乡镇企业）。这种社队企业以苏南地区为典型，费孝通先生后来将其命名为“苏南模式”。改革开放以后，在中国体制转轨的时代背景下，苏南农村开辟了一条由乡镇企业的勃兴所催化和带动而形成的特定的发展道路，即所谓“苏南模式”。“苏南模式”红极一时，然而随着市场化改革的深入，“苏南模式”政企不分、产权不清的两大弊端日益彰显，于是很多企业纷纷踏上了改制的道路。在企业改制的滚滚大潮之中，苏南一大批优秀的民营企业家抓住机遇，迅速崛起，形成了颇具规模的现代苏商群体。到了21世纪之交，在对“苏南模式”扬弃的基础上，“新苏南模式”正式诞生。这时候，真正的现代苏商群体也开始出现在人们眼前。他们继承了传统苏商诚信、低调、坚韧的气质，同时又不乏创新进取的精神风貌，为当代江苏的科学发展做出了巨大的贡献。

一 人民公社体制下的苏南乡镇企业

新中国成立以后，苏南农村生产关系的变革与全国一样，经历了从互助组到初级社、中级社、高级社，再到人民公社的全过程。1958 年的人民公社化运动，是苏南农村生产关系的一次惊人的飞跃。从此，集体所有制在苏南农村一统天下。20 世纪 50 年代后期，乡镇企业的前身——社队办企业开始在苏南出现。1956 年，无锡县东亭公社春雷大队创办了一个小小的造船厂，这是社队办企业在苏南乃至全国的最早萌芽。1958 年，在毛泽东“人民公社也要办工业”的号召下，苏南一批公社先后办起了农具修配、粮饲加工和砖瓦土窑等小型企业；与此同时，部分县属手工业合作社也下放到公社管理。1959 年，在“农机带头，大抓机械”的口号下，在县属工业技术装备的扶持下，苏南农村又相继举办了农机、棉花加工、纺织服装等具有一定机械化程度的工业企业。据可资考证的历史资料，目前隶属于苏州市辖下的常熟、昆山、太仓、吴江、吴中等市（区），当时已经拥有社办企业 540 家，固定资本 324.44 万元，职工 2.88 万人，年创产值（1957 年不变价）4435.3 万元。20 世纪 60 年代，迫于当时严峻的经济形势，大量社队办企业职工被下放，社队办企业固定资产大幅度削减，乡村工业元气大伤。到 1964 年，苏州农村只剩下 84 家企业，年产值仅 824.55 万元，武进县社队工业产值仅为原先的 5%。此后不久，“文革”狂飙突起，“割资本主义尾巴”盛行，社队企业被迫由公开转入地下。从总体上来说，“苏南模式”孕育阶段这 20 年，乡村经济屡经曲折，步履维艰，并未形成大气候。然而，转入地下的社队工业却保留了日后蓬勃发展的“火种”。①

① 黄文虎、王庆五：《新苏南模式：科学发展观引领下的全面小康之路》，人民出版社，2007，第 46 ~47 页。

二　改革开放与“苏南模式”的兴起

改革开放是发展中国特色社会主义的强大动力和成功法宝。改革开放不仅突破了原有的计划经济体制对发展生产力的禁锢，而且建立起有效推动生产力发展的体制和机制。苏南的发展，可以说有三次异军突起。正好反映我国改革开放的三个重大阶段。

第一次是在20世纪80年代初期，苏南地区发展起来的乡镇企业被邓小平同志称为异军突起。以家庭联产承包责任制为内容的农村改革，使农业发展水平处于全国前列的苏南地区农业劳动力剩余问题更为突出。苏南人解放思想，发展乡镇企业，率先启动了农村工业化和城镇化的进程。乡镇企业面向市场求发展，建立起了适应市场经济的经营机制，以其灵活的自主决策的机制和市场竞争策略，打破了计划经济的一统天下，显示了市场经济的威力。

与当时其他地区发展经济的模式不同，“苏南模式”的主要特征是利用集体资本办企业，乡镇政府积极参与办企业，允许先富并追求集体富裕。当时这种模式产生的积极效应是非常明显的，乡镇企业如火如荼，农村小城镇星罗棋布，工业产值三分天下有其二，农民迅速脱贫。当时苏南的成功，是市场化改革的成功，就市场化改革的路径来说，“苏南模式”的产生具有路径依赖特征。

首先，是集体经济在市场化中的作用。与其他农村地区有集体无“经济”的状况不同，这里的集体有“经济”。实行集体经济的模式，乡镇企业上马快，也便于上规模和横向联合。而且，当时的乡镇企业相当部分是村办企业。“村”是村民自治组织。村级经济可以说是集体经济，是公共积累。这部分积累成为发展乡镇企业的原始积累，加快了当地的非农化进程，反映市场化的路径依赖。

其次，是乡镇政府的推动作用。苏南地区的大部分乡镇企业是由乡镇政府，或者利用原有的集体积累，或者利用政府的动员力量，或者由政府出面筹资兴办的。乡镇政府是中国最基层的政府，与通常意义上的政府组织相去甚远。乡镇政府得到的或者说可支配的政府资源很少，国家的计划也很少到乡镇。这里的乡镇政府与其说行使政府职能，不如说是利用政府职能全力兴办和发展乡镇企业。因此，乡镇政府更多的是作为乡镇企业的总代表行事。

第二次异军突起的是众多的外商投资企业。20 世纪 80 年代后期发展外向型经济，苏州提出“三外”（外资、外贸、外经）一起抓。其外向型经济水平一下子跃居全国领先水平。在 20 世纪 90 年代初中央决定开发开放浦东，苏南抓住机遇与浦东开发开放接轨，全面引进外资。在这个过程中“苏南模式”发挥了巨大作用。率先打开国际市场的乡镇企业成为与外商建立合作合资的主力军。地方政府的积极推动突出表现在提供吸引外资的优越的政策、法制和市场环境。更具特色的是建立以多个国家级开发区为先导的各种类型的开发区，以此作为引进外资发展开放型经济的平台和载体。苏州全市有 5 个国家级开发区和 10 个省级开发区，其中最突出的是中国和新加坡两国合作建设的苏州新加坡工业园，昆山作为县级市先自费开发后得到国家承认的国家级开发区。苏州工业园区的综合发展指数在国家级开发区名列前茅，并被评为跨国公司眼中综合吸引力最强的中国开发区之一。这样，苏南迅速成为我国外商投资企业和台资企业最为密集的区域。世界 500 强企业中有近 400 家落户在苏南，在苏州就有近 200 家。区区一个昆山，吸引的台资已占全国总额的 12% 以上，近 60 亿美元，相当于整个上海台资的总和。2007 年，苏州市的实际利用外资占全国的 9.9%，位居全国大中城市第 2 位。

第三次异军突起是在世纪之交迅速发展起来的民营经济。人们一般认为，苏南特别是苏州外资企业多而强会“挤出”民营企业。其实不然。从民营经济的来源看，除了自主创业的民营企业外，苏南地区的民营经济大部分是原来的集体经济为主的乡镇企业改制过来的。随着市场化改革的深入，苏南地区乡镇企业的集体产权特别是政府产权成为改革的目标。与乡镇政府产权主动退出和乡镇企业的改制相伴，民营经济得到了迅猛的发展。苏南地区的企业改制，虽然有相当部分企业完全改制为私人企业，但大部分企业是改制为股份制和股份合作制等混合所有制企业。即使是农民自主创业也采取合作方式。其中占主导的是转为公司制的企业。苏南乡镇企业通过与外商合资，与其他法人企业组建企业集团、建立股份制公司、上市等途径明晰产权。其中最有特色的是以江阴为代表10多家乡镇企业上市，在证券市场形成了概念独特的“江阴板块”。以昆山为代表的乡镇企业则普遍与外商及台资企业合资。以常熟为代表的乡镇企业则是私人控股的企业集团。不仅如此，在外资企业多而强的苏州，民营企业的发展不但没有受到挤压，而且可以从产业链的扩展和企业之间的合作中扩大发展的空间，民营企业也可就近学习到管理经验和企业家精神。

苏南在改革开放的进程中三次异军突起，实际上改变了“苏南模式”的所有制内涵：由集体经济为主的结构变为外资、民资和股份制企业充满活力的结构。在这里具有“苏南模式”特征的是，占主导的企业是混合所有制。这种企业结构成为苏南市场经济和开放型经济的微观基础。由于改制后的企业采取混合所有制形式，企业的总体规模不是小型化，而是进一步扩大规模。与其他模式比较，别具特色的是苏南的企业规模总体上高于其他地区，其产业的技术等级总体上高于其他地区。

“苏南模式”的所有制结构的演进推动了整个区域市场化水平的提高。其突出表现在市场本身的建设上。首先是建有形市场。苏南地区无论是乡镇企业的产品还是外资企业的产品都没有进入国家计划渠道，都需要寻找市场。苏南地区各级政府帮助企业找市场的办法就是自己建市场。吴江的珍珠市场、丝绸市场，常熟的服装市场等等就是在这样的背景下建立的。市场建起来后客商云集，带动了乡镇企业规模的迅速扩大。其次是建市场关系。与其他模式进入全国市场获取收入不同，苏南的企业是进入全国大市场获取要素来发展本地经济，因此，“苏南模式”一开始就包含了建立与全国大市场的联系，特别是同金融机构，同煤电油运等企业建立密切的市场关系。第三是建市场规范。这涉及法制和道德规范建设。苏南地区市场规范的建设涉及两个方面，一是政府公共管理的法制化，二是在较高文化素质基础上的诚信文化建设。从20世纪90年代起在吸引外资政策全国趋向一致的背景下，外资和台资蜂拥进入苏州，特别是原来在南方的外资转移到苏州，这说明外资看中的是这里的以法制和诚信为代表的高度的市场化水平。①

三　企业改制与现代苏商群体

严格地讲，“苏南模式”下乡镇企业的经理、董事长们也许并不能算是真正的商人。因为他们只是企业的经营者而非所有者，大多由上级行政任命。苏南的乡镇企业所采用的，主要是大集体模式，村、乡、镇各级政府实际上就是企业的老板。这种由政府主导企业的形式，也被许多学者称之为“地方政府公司主义”。在转轨初期，比起计划经济时代的“大全民”，依靠其公有制性质和较国营企业灵活的运行机制，以及“船小好调头”等优势，乡镇企业显示出了巨大的活力。然而，进入20世纪90年代中期以后，随着市场化改革的深入，“苏南模式”政企不分、产权不清的两大弊端日益彰显。

在许多村办、镇办企业，镇长、村长就是企业的一把手，这种官商兼具的身份，最直接的表现就是政府与企业都在“一个盘子里吃饭”，企业背负着政府的政绩，经营目标多元化、政绩化，原先经营机制上的优势渐渐退化；同时，市、镇、乡各级政府不仅直接插手乡镇企业，而且从企业的人事任免、资金来源，到上什么项目、生产什么、利润分配、财产处置，全由上面说了算，总经理、

① 新华网江苏频道，http：//www.js.xinhuanet.com/zhuanlan/2009－09/17/content_17731888.htm。

董事长们对企业并没有多大自主权。这种“地方政府公司主义”最终带来的直接后果就是1993年之后，江苏乡镇企业增幅直线下降，平均每年下降14个百分点。1994年，国家进行宏观调控，紧缩银根，企业普遍资金吃紧，加上卖方市场逐渐取代了买方市场，苏南的乡镇企业遭遇了第一个严冬。企业高额负债，又从银行贷不出款，苏商们情急之中便试图通过职工内部的集资来弥补，这种饮鸩止渴的做法，导致债务危机，企业不得不进行改制。

1995年，苏南出现了第一次自下而上的乡镇企业改制高潮。由于种种原因，当时的改制只停留在清晰产权的层面上，股权依然不可转让、交易，不能变现，有效的激励机制依然没有建立起来。3年之后，在1998年亚洲金融危机中，苏南的乡镇企业开始了第二次改制。在先后经过股份合作制、“租赁”“租售”“租股”等形式的产权制度改革后，苏南最后选择了彻底的改制，将绝大多数乡镇企业的集体股份从企业里全部清出，组建成有限责任公司、股份有限公司或者是个体、私营工商户。据有关部门统计，截至2000年底，苏南地区已有8.5万多家乡镇企业完成改制，达乡镇企业总数的93%。

至此，旧的“苏南模式”被扬弃，一种新的“苏南模式”诞生。真正意义上的新时代苏商因此名正言顺。乡镇企业唱主角的“苏南模式”终结，新的苏南就像一只涅槃的凤凰，于新世纪初振翅高飞。完成了自我蜕变的苏商们，也正以前所未有的心胸与气魄同纷至沓来的国际大企业在苏南经济舞台上一决高下。近年来，苏南经济又进入高速增长期。以苏州为例，苏州的GDP、财政收入在全国大中城市排前六位。苏州实际利用外资总量占全国的近1/12。如今，这座有2500年历史的水乡古城现在已颇似一个世界著名企业的展览馆，世界500强企业已有81家落户这里，将近30万台商云集于此。当然，在苏州、在整个苏南，忙着赚钱的不只是世界500强和台商们，更多的是土生土长的苏商们。2000年，在《福布斯》杂志中国富豪排行榜里，还没有一位苏商名列其中（当然，不排除有相当一部分苏商不愿露富）；而在《福布斯》杂志公布的2002年度中国大陆100富豪排行榜上，江苏的民营企业家祝义才、沈文荣、张荣坤、周建平、车建兴赫然在榜。其中，江苏沙钢集团董事长沈文荣和江苏综艺集团董事长昝圣达还是党的十六大代表。

2012年，根据胡润排行榜，江苏超级富豪在长三角地区毫不逊色，这说明在市场经济体制下，苏商重新崛起，又一次成为全国商界令人瞩目的群体。见表5-1：

表5-1 江苏企业资产排行

排名	姓　名	资产（亿元）	企　业	企业总部所在地
1	张近东	350	苏宁电器	南　京
2	沈文荣	340	沙钢	张家港
3	祝义材、吴学琴夫妇	210	雨润	南　京
4	张桂平家族	125	苏宁环球	南　京
5	高德康家族	120	波司登	常　熟
5	朱兴良家族	120	金螳螂	苏　州
7	刘晓萌	115	苏宁电器	南　京
8	袁亚非	110	三胞	南　京
8	昝圣达	110	综艺	通　州
10	严介和、张云芹夫妇	100	太平洋建设	南　京
10	袁凯飞	100	新世纪造船	靖　江
12	蒋锡培家族	90	远东	宜　兴
13	陈建华	85	恒力化纤	苏　州
13	孙飘扬	85	恒瑞制药	连云港
13	吴光明、吴群父子	85	鱼跃医疗	丹　阳
16	陈金凤	83	苏宁电器	南　京
17	陈建强	80	华地国际	无　锡
18	吴栋材	75	永钢	张家港
18	徐镜人	75	扬子江药业	泰　州
18	周耀庭家族	75	红豆	无　锡
21	吴培服家族	72	双星新材	宿　迁
22	包计干	70	恒大置业	苏　州
22	施正荣	70	尚德太阳能	无　锡
24	缪汉根	65	盛虹印染	吴　江

续表

排名	姓　名	资产(亿元)	企　业	企业总部所在地
24	杨廷栋	65	蓝天贸易	宿　迁
26	李兴	63	澄星磷化工	江　阴
27	张雨柏	60	蓝海贸易	宿　迁
28	陆克平	58	江苏阳光	江　阴
28	孙为民	58	苏宁电器	南　京
30	周建平	57	海澜	江　阴
31	崔根良	55	亨通	吴　江
32	陈锦石家族	50	中南	海　门
32	茹伯兴、茹正伟父子	50	百兴	常　州
32	杨休	50	天地	南　京
35	董才平	47	中天钢铁	常　州
35	郭金东	47	金浦	南　京
37	王伟耀	46	沃得机电	丹　阳
38	陈光标	45	黄埔投资	南　京
38	黄小平	45	常发	常　州
38	任元林	45	扬子江船业	江　阴
41	吴惠娣家族	43	丰立	张家港
42	顾云奎家族	42	永鼎	吴　江
42	王伯兴	42	中利科技	常　熟
44	沈小平	40	通鼎	吴　江
44	钟慧娟	40	豪森药业	连云港
44	朱国平、朱春荀、朱建农兄弟	40	飞达	丹　阳
47	范建刚家族	39	风范股份	常　熟
48	蒋茂远	38	虎豹	扬　州
48	王禄宝	38	环太	扬　中
50	袁富根家族	37	东山精密	苏　州
51	包士金	36	吉鑫科技	江　阴
51	陆永华	36	林洋电子	启　东
51	徐长江	36	文峰	南　通
54	陈玉忠家族	35	化工机械股份	张家港
54	龚盛	35	沙钢	张家港
54	沈学如、沈卿父女	35	澳洋	张家港
54	张国平、张国兴兄弟	35	申达	江　阴

续表

排名	姓　名	资产(亿元)	企　业	企业总部所在地
58	刘洪林	33	三木	宜　兴
58	沈锦华	33	焦点科技	南　京
58	周晓萍家族	33	星宇股份	常　州
61	高振东	30	宝时得	苏　州
61	秦志尚	30	新科电子	常　州
61	汪建国	30	五星投资	南　京
61	薛济萍	30	中天科技	南　通
61	俞金坤	30	金创	常　州
61	张伟华	30	康泰化工	金　坛
61	周福海家族	30	亚太科技	无　锡
68	缪双大家族	28	双良	江　阴
69	金明	27	苏宁电器	南　京
69	许小初	27	亚邦化工	常　州
71	刘剑	25	沙钢	张家港
71	陆锦祥	25	沙钢	张家港
71	王华	25	金盛	南　京
71	荀建华家族	25	亿晶光电	常　州
71	严俊旭家族	25	天顺风能	苏　州
76	冯月秀家族	24	天龙光电	金　坛
76	高建荣、冯飞飞夫妇	24	中茵	苏　州
76	胡士勇	24	华宏实业	江　阴
76	钱洪金	24	华朋	溧　阳
76	陶安祥家族	24	亚星锚链	靖　江
81	陈少忠	23	中南重工	江　阴
81	胡德霖、胡醇父子	23	电科院	苏　州
81	沈琦家族	23	雅克科技	南　京
81	谭荣生家族	23	东方电热	镇　江
85	陈惠南	22	华尔润	张家港
85	唐法林、唐明父子	22	桥联风电	无　锡
85	徐广福、徐翔父子	22	大全	扬　中
88	王东	21	扬子江船业	江　阴
89	高玉根	20	胜利精密	苏　州
89	黄丽泰	20	利安达	无　锡

续表

排名	姓 名	资产(亿元)	企 业	企业总部所在地
89	蒋加平	20	天地龙	宜 兴
89	刘正云家族	20	石林	南 京
89	梅鹤康	20	江南实业	常 州
89	倪祖根	20	莱克电器	苏 州
89	戚俊宏	20	三福船舶	泰 州
89	沈仁兴、沈滨父子	20	华机	张家港
89	王保庆	20	纽威阀门	苏 州
89	王友林	20	康力电梯	吴 江
89	吴龙增	20	倪家巷	江 阴
89	徐贵生	20	金峰水泥	溧 阳
89	徐连国、徐连宽兄弟	20	中大	盐 城
89	徐之伟	20	隆力奇	常 熟
89	朱相桂	20	森达	盐 城

根据《扬子晚报》记者薛蓓对《2012 胡润江苏地区财富报告》分析报道，前 10 名富豪中 6 位来自南京。《扬子晚报》记者发现，虽然江苏财富居前的亿万富豪和其他地区比起来并不逊色，但是资产在 600 万至 1000 万元的“中富”阶层人群，却要比长三角平均水平少。600 万元资产富裕人士江苏有 19.8 万人，亿万元资产富裕人士 4800 人。江苏每 400 人中有一个 600 万元资产者《2012 江苏地区财富报告》（以下简称报告）中显示，江苏地区千万元和亿万元富豪人群分别占全国富豪总数 7.2% 和 7.6%。2012 年江苏地区千万元富豪数量较 2011 年增长了 5000 人，涨幅 7.4%，亿万元富豪数量较 2011 年增长 200 人，涨幅 4.3%。江苏地区 600 万元资产富裕人士为 198000 人，千万元资产者 73000 人，亿万元资产富裕人士 4800 人。每 400 人中有一个 600 万元资产富豪，每 1080 人中有一个千万元富豪，每 17000 人中有一个亿万元富豪。资产千万元富豪主要分为四种类型：企业主、“炒房者”“职业股民”和“金领”。企业主这部分人占到了千万富豪的 50%。其中，

“炒房者”人群占15%，职业股民占20%；“金领”则包括大型企业集团和跨国公司的高层管理人员。他们拥有高额的年薪及年终公司分红，是打工一族中的高收入人群，这部分人占到了千万元富豪总数的15%。就行业而言，江苏制造业富豪张近东和沈文荣分列第一、第二。报告显示，江苏地区财富在20亿元以上的富豪有300位，登上胡润百富榜的阳光富豪有103位（总财富5413亿元、平均53亿元）。行业排名中制造业排名第一、地产业排名第二、零售业排名第三。江苏富豪前10名中有6位来自南京、3位来自苏州、1位来自南通、1位来自泰州。前三位分别为张近东（财富350亿元），沈文荣（财富340亿元），祝义材、吴学琴夫妇（财富210亿元）。前十名共有9家企业拥有上市公司，平均年龄55岁。就地区而言，苏州巨富多，逾七成土生土长。苏州是江苏地区中拥有20亿资产富豪最多的区域，有30位；其次是无锡地区，有20位；排在第三的是南京，有17位。有趣的是，如果以出生地来看，娃哈哈的宗庆后家族才是出生在江苏的首富，以财富680亿元在内地也能排名第二；此外，恒盛地产的张志熔家族，红星家具的车建新家族，证大的戴志康，都是企业总部在上海的苏商。根据胡润统计，至少有24位出生于江苏的20亿资产以上富豪在外地创业，遍布北京、河北、上海、浙江、深圳、陕西、内蒙古等地。江苏商人出去创业选择在上海和北京设立总部的最多。但也有比例高达74%出生在长三角地区的上榜企业家选择留在江苏地区发展。①从苏商的成长看，许多人都有过乡镇企业工作的经历，他们之中从事纺织、丝绸的也不在少数，反映出新苏商仍受区域传统文化的影响。

① 薛蓓：《江苏每千人中有一个千万富豪，前10名中6位来自南京》，扬子晚报网，2012年6月29日，http：//www. yangtse. com/system/2012/06/29/013652757. shtml。

后　记

《区域文化视阈下的近现代苏商》交稿了，但心中并没有如释重负之感。2010 年教育部批准该项目后，自己觉得举步维艰，特别对明清时期的苏商，一片混沌。两年来通过搜集资料和研究成果，我勉为其难，初步形成一个基本框架：明清时期苏商形成，晚清民国初期苏商得到发展，1927 年之后苏商曲折发展及至消亡，改革开放后苏商重新崛起。在这个长时段，江苏区域文化中的工商传统一直在发挥作用。这是本课题立项的初衷，通过研究，初步验证了这个结论。由于时间关系，本课题只是初步研究，对明清时期苏商群体的概貌及工商思想、近代江苏区域工商文化的演进、新苏商的历史传承与发展、苏商与区域文化的互动关系等诸多领域还需继续探讨。因此，本书存在许多不足，希望专家批评指正。

本书立项和写作过程中，得到扬州大学周新国教授、吴善中教授、秦兴方教授、蒋鸿青研究员的关心和支持。南京大学史全生教授更是亲自给予指导，并把其研究刘国钧经营思想的稿件赐给我，收录书中，使我倍受感动。社会科学文献出版社编辑孙燕生先生为本书出版付出了辛勤劳动。我的学生孙恺帮助我搜集了部分资料。在此一并致谢。

陆和健

2012 年 10 月

于扬州瘦西湖畔

图书在版编目（CIP）数据

区域文化视阈下的近现代苏商/陆和健著. —北京：社会科学文献出版社，2013.3
（人文传承与区域社会发展研究丛书）
ISBN 978-7-5097-4164-1

Ⅰ.①区… Ⅱ.①陆… Ⅲ.①商业史-研究-江苏省-近现代 Ⅳ.①F729.5

中国版本图书馆 CIP 数据核字（2012）第 315173 号

·人文传承与区域社会发展研究丛书·
区域文化视阈下的近现代苏商

著　　者／陆和健

出 版 人／谢寿光
出 版 者／社会科学文献出版社
地　　址／北京市西城区北三环中路甲 29 号院 3 号楼华龙大厦
邮政编码／100029

责任部门／社会政法分社（010）59367156
电子信箱／shekebu@ ssap. cn
项目统筹／王　绯
责任编辑／孙燕生
责任校对／郝珍义
责任印制／岳　阳
经　　销／社会科学文献出版社市场营销中心（010）59367081　59367089
读者服务／读者服务中心（010）59367028

印　　装／三河市尚艺印装有限公司
开　　本／787mm×1092mm　1/20
印　　张／10.2
字　　数／178 千字
版　　次／2013 年 3 月第 1 版
印　　次／2013 年 3 月第 1 次印刷
书　　号／ISBN 978-7-5097-4164-1
定　　价／49.00 元

本书如有破损、缺页、装订错误，请与本社读者服务中心联系更换
▲ 版权所有　翻印必究